곰돌이 푸의
다정한 리더십

성공하는 비즈니스와 인간관계를 위한

곰돌이 푸의 다정한 리더십

Winnie-the-Pooh
on Management

로저 앨런 지음 | 김정희 옮김

드림셀러

감사의 글

벗이자 아내이자 사랑하는 나의 삶의 동반자인 메일린과

나의 첫째 아들 마크와 그의 아내 조디, 그의 아이들 매트와 스코티,

나의 둘째 아들 스테판과 그의 아내 스타이사, 그의 아이들 크리스토퍼와 토마스,

나의 막내 아들 제프리와 그의 아내 셜리, 그의 아이 브리스에게

이 책을 바칩니다.

머
리
말

……크리스토퍼 로빈이 물었단다.

"푸, 넌 세상에서 뭘 제일 좋아해?"

"음, 내가 제일 좋아하는 건……."

푸는 일단 운을 뗀 후 잠시 생각해 보았어.

왜냐하면 꿀 먹는 걸 아주 좋아하긴 하지만 그보다 더 좋은 건 꿀을 먹기 직전의 순간이라서 그걸 뭐라고 해야 할지 몰랐기 때문이었다.

당신이 어떤 좋은 책 한 권을 읽고 있다고 생각해 보자. '머리말'을 읽기 시작했다. 대개 머리말은 그 책의 내용이 무엇이고, 어떻게 그 글이 쓰이게 되었으며, 왜 그 책을 읽어야 하는지를 알려주며 책에 대한 기대를 높여주어야 한다.

우리는 주위에서 실패한 경영 사례를 얼마든지 볼 수 있다. 여전히 복구가 안 된 포트홀(도로에 움푹 패인 구멍을 말함-옮긴이주),

고등학교를 졸업했는데도 제대로 글을 읽거나 쓰지 못하는 사람, 리콜이 결정된 자동차, 낭비되는 세금, 치안이 안 좋은 거리와 동네 등등. 실패 목록은 차고도 넘치고, 날마다 늘고 있다. 이렇게 경영 실패 사례가 계속 늘어나는 이유가 뭘까?

개인적으로나 업무적으로 경영에 대해 경험한 바로는 리더는 복잡하고 정교한 경영 관리 방식에 시간과 공을 들이기보다 리더가 해야 하는 여섯 가지 일들을 실천하고 향상시키는 것, 즉 기본으로 돌아가는 것에 더 주력해야 한다.

이 책은 리더가 익혀야 하는 여섯 가지 기본 원칙과 수행 방법뿐만 아니라 밀른A. A. Milne이 쓴《위니 더 푸Winnie-the-Pooh》의 세계를 이야기한다. 처음에는 이 책이 아동문학과 경영론을 섞어 놓은 이상한 책처럼 보일지도 모른다. 하지만 경영 원칙을 모르는 상황에서 여섯 가지 원칙들을 탐색해 보기 위해서 이런 방식을 활용했다. 이를 통해 우리는 새로운 방식으로 리더의 기본 역할을 명확하게 이해할 수 있을 것이다.

그러려면 아울의 집 대문에 걸린 안내문대로 푸가 사는 세상을 한 번 이상은 꼭 방문해서 푸의 모험 이야기를 다시 떠올리고 거기에서 우리가 무엇을 배울 수 있는지 알아보아야 한다.

내가 푸와 그의 친구들이 살고 있는 숲을 방문한 지는 아주 오래되었다. 그곳에서 나는 확실히 이방인일 테지만, 푸가 날 도와줄 거라고 확신했다. 푸는 그런 곰이니까.

당신이 리더라면(여기서 말하는 리더는 직장에서뿐만 아니라 관계를 이끄는 사람이라면 모두가 리더에 해당된다. ─옮긴이주), 이 책을 통해 이미 알고는 있지만 최근 생각하지 못했던 것들을 다시 떠올리고 나아가 일부 기술들을 좀 더 갈고 닦아야 할 수도 있다.

당신이 리더이고 싶지만 아직은 아니라면 이 책을 읽는 것으로 리더의 길을 시작해 보길 바란다. 혹시 리더가 아니더라도 리더의 기술은 당신이 일상생활을 보다 잘 관리할 수 있도록 도와줄 것이다.

만약 당신이 리더의 자녀, 배우자, 친구, 또는 어떤 중요한 사람이라면 이 책을 통해 리더가 하는 아주 중요한 일에 대해 이해하게 될 것이다.

그러니 기대를 품고 푸가 사는 숲으로 떠나 어떤 모험이 기다리고 있는지 살펴보자. 그 숲을 찾는 일은 걱정하지 마라.

밀른이 《푸 모퉁이에 있는 집The House At Pooh Corner》의 머리말에서 "…… 그 숲은 언제나 그곳에 있을 것이고…… 그리고 곰과 친한 사람이라면 누구든지 그곳을 발견할 수 있다"고 말했으니까.

이제부터 푸가 살고 있는 숲으로 떠나 보자.

차
례

1장 | 경영과 리더십은 꿀처럼 달콤한 건가?   016

- 푸가 숲에서 이방인을 만나 경영과 리더란 말을 처음으로 듣고,
- 그것들을 알아가기 시작한다.

2장 | 푸가 아울과 경영 이론에 대해 이야기하다   042

- 푸가 백 에이커 숲에 사는 아울을 찾아가 경영 이론에 대한
- 이야기를 주고받는다.

3장 | 푸의 통찰력이 발휘되기 시작하다   062

- 이방인과 푸 그리고 래빗은 목표를 설정하고 조직화하는 '방법'에
- 대해 이야기하고, 푸는 '리더 노래'를 부르는 것을 잊어버린다.

1장

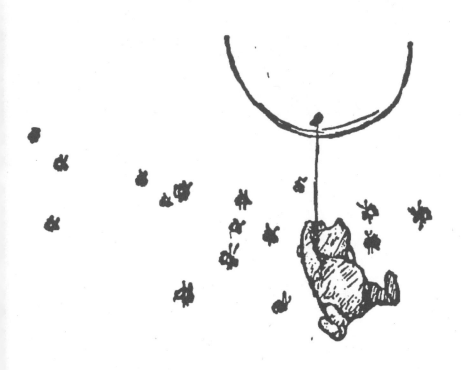

경영과
리더십은
꿀처럼
달콤한 건가?

푸가 숲에서 이방인을 만나
경영과 리더란 말을 처음으로 듣고,
그것들을 알아가기 시작한다.

．
．
．

그날 아침, 푸는 숲에서 꿀이 있을지도 모를 꿀벌나무(야생 꿀벌이 집을 짓는 속이 빈 나무-옮긴이주)를 찾다가 우두커니 서 있는 한 이방인 뒤로 다가갔다. 그는 마치 길을 잃은 듯 보였다.

푸는 티거가 통통 튀며 뛰어다니지 못하게 하려다 길을 잃었던 적이 있었기 때문에 그게 얼마나 당황스러운 일인지 잘 알고 있었다. 그래서 푸는 이방인에게 다가가 친절하게 말을 걸었다.

"안녕하세요." 푸는 그를 안심시키려고 최대한 '나는 이곳이 어딘지 잘 알고 있다'는 목소리로 말했다. "저는 에드워드 베어입니다. 제가 좀 도와드릴까요?"

그러자 이방인이 푸 쪽으로 몸을 돌렸다. 그는 푸를 보자 길을 잃은 듯한 모습은 이내 사라지고 웃으며 말했다. "좋은 아침입니다, 푸. 저는 당신을 찾고 있었어요. 당신의 도움이 필요해요."

"저를요? 제가 당신을 어떻게 도울 수 있는데요?" 푸가 물었다.

"음. 제가 책을 한 권 쓰고 있는데 말이죠. 당신과 당신 친구들이 했던 모험 이야기를 쓸 수 있다면 더 좋은 책이 될 거예요. 경영에 관한 책이거든요." 이방인이 들고 있던 소풍 바구니를 바닥에 내려놓으며 말했다.

"경……영." 에드워드 베어는 혼자 생각할 때 또는 이요르가 "생각해 봐"라고 말할 때나 쓰는 어리둥절한 어조로 말했다.

"그래요, 경……영." 이방인이 말했다.

"굉장히 낯선 단어네요." 푸는 곰곰이 생각하더니 말을 이었다. "아울이 쓰는 단어 같아요. 뭔가 좋은 뜻인가요? 어쩌면 꿀처럼 달달한 단어?"

"음, 그런 건 아니고요. 경영은 리더라는 사람이 하는 어떤 일을 의미해요. 경영은 좋지도 나쁘지도 않은 말이죠. 경영은 그냥 경영이에요. 리더가 어떻게 그들의 일을 하느냐에 따라서 좋은 경영 또는 나쁜 경영이 될 수도 있거든요." 이방인이 말했다.

"아주 복잡해 보이네요. 제가 아는 거의 모든 사람들은 꿀을 좋아하는데." 푸가 말했다.

"맞아요. 그런데 우린 지금 꿀에 대해 얘기하고 있는 게 아니라고요!"

"저는 꿀 얘기인데요. 사실, 저는 꿀을 찾고 있었거든요. 꿀은 못 찾고 당신을 찾았지만요." 푸가 배를 문질렀다.

"우리는 지금 경영에 대해 이야기하고 있어요, 푸."

"저는 꿀 이야기를 하고 싶은데. 당신이 오기 전에 꿀벌이 윙윙 거리는 소리를 들은 것 같거든요. 우리 저기 오래된 속 빈 꿀벌나무로 가서 그 소리가 벌들이 꿀을 만들면서 내는 소리인지 확인해 보지 않을래요?"

"거긴 나중에 가도 되지 않을까요? 그보다 먼저 저는 경영에 대해 얘기하고 싶어요. 왜냐하면 그건 아주 중요한 주제고, 전 당신이 절 도와줄 수 있다고 생각하거든요. 당신만 괜찮다면 말이죠." 이방인이 말했다.

푸는 벌들이 윙윙거리는 소리를 내고 있는 쪽에서 좀처럼 눈을 떼지 못했다. 그러다 이내 표정이 밝아졌다.

"그게 아주 중요한 주제고, 제가 당신을 도울 수 있다면 저는 VIB Very Important Bear (사람은 VIP - 옮긴이주)가 될 수도 있겠네요?"

"물론이죠. 그럼 이제 앉아서 그 이야기를 좀 해볼까요?"

"사실 좀 귀찮긴 한데, 전 꿀이 좀 먹고 싶거든요. 하지만 VIB가 되려면 앉아야겠죠." 푸는 편안하게 앉을 만한 돌을 신중하게 고른 뒤 그 위에 앉았다. 다행히 거기서는 속이 텅 빈 꿀벌나무가 훤히 내다보였다.

"다른 사람이 윙윙거리는 소리를 듣고 벌이 꿀을 만드는 소리인지 보러 올지도 모르니까 우리 저 나무를 계속 지켜보면서 이야기해요." 푸가 말했다.

"좋아요. 자, 경영이 아주 중요한 주제인 이유가 있어요. 우리가 경영을 하지 않으면 많은 중요한 일들이 처리되지 않거나 설사 처리가 되었다고 하더라도 제대로 되지 않았을 경우가 많기 때문이에요."

"그건 이런 걸까요? 제가 우연히 래빗네 집에 들렀는데, 래빗이 뭐라도 대접하고 싶은데 마침 찬장에 꿀단지를 채워놓는 걸 깜빡 잊어버린 거예요. 그래서 빵에 바를 꿀이 없어 난감한 것과 같은 걸까요?"

"딱 맞아요. 그거 말고도 다른 많은 중요한 일들이 그렇죠."

푸는 경영이란 주제에 조금 더 관심을 보이며 자세를 고치고 똑바로 앉았다.

"그럼 왜 경영 사람들……."

"경영하는 사람들이라고 하죠." 이방인이 고쳐 말했다.

"경영하는 사람들은 왜 제대로 경영하는 법을 배우지 않나요?"

"바로 그게 문제죠. 거의 모든 사람이 경영이 무엇인지에 대해서 알아야 한다는 점에는 동의해요. '경영이란 기업이 수

립한 목표를 정해진 방침에 따라 달성할 수 있도록 노력과 자원을 지휘 감독하는 예술과학'이란 게 하나의 정의예요. 하지만 문제는 '어떻게'란 '방법'에 대해서는 아무도 확신하지 못한다는 겁니다."

푸는 현명한 곰 인듯 고개를 끄덕였다.

"'어떻게'라는 질문이 어려운 거죠. 만약 당신이 이요르에게 어떻게 지내냐고 물으면, 그럴 때마다 이요르는 거의 매번 '별로'라고 말할 겁니다. 이처럼 모두들 '어떻게'라는 질문에 대해 어떻게 대답해야 할지 힘들어 하는 것 같아요. 언젠가 한번은 제가 나무 꼭대기에서 윙윙거리는 소리가 들리길래 거기에 분명 꿀이 있을 거라고 생각했어요. 그래서 꿀을 좀 따먹고 싶었는데, 문제는 어떻게 그 꿀을 따야 하느냐더라고요." 푸가 말했다.

"뭐 경영도 마찬가지예요. 사람들은 경영을 잘하는 법과 그로 인해 어떻게 좋은 성과를 낼 수 있는지에 관한 이론들을 많이 만들었죠. 서점에는 그와 관련된 책들이 엄청나게 많아요. X 이론, Y 이론, 심지어 Z 이론에 관한 책까지. 에이브러햄 매슬로 Abraham H. Maslow가 쓴 《심리적으로 건강한 경영 Eupsychian Management》, 피터 드러커 Peter F. Drucker의 《경영의 실제 The Practice of Management》, 톰 피터스 Thomas J. Peters와 로버트 워터맨 Robert H. Waterman, Jr.이 공동 저술한 《초우량 기업의 조건 In Search of Excellence》, 켄 블랜차드 Ken Blanchard와 스펜서 존슨 Spencer Johnson이 공동 저술한 《1분 경영 The one minute manager》등등. 전부 읽어두면 좋은 책들이죠. 그런데……."

"……그런데 제목만 들어도 너무 어려워 보이네요." 푸가 말했다.

"그래서 당신을 찾아온 거예요. 지난 수십 년에 걸쳐 많은 리더가 이런 책 속의 이론과 경영 트렌드에 현혹되어 왔다고 생각해요. 그들은 최신 경영 이론을 시도해 보는 데는 많은 관심을 두면서 정작 경영하는 데 진짜 기본이 되는 것에는 제대로 집중하지 않고 있거든요. 대부분의 사람들이 리더의 기본에 집중하면 엄청난 성과를 발휘할 거라 생각합니다. 당신이 경험한 많은 모험이 그런 리더의 기본 원칙들을 보여주는 것 같아요. 꾸준히 제대로 그 기본 원칙과 역할들을 실천한다면, 어떤 곳에서 리더가 되더라도 훌륭히 일을 해낼 수 있을 거라 생각해요."

"정말 그럴까요?" 푸가 놀라서 물었다. "아, 그래요. 어쩌면 그럴지도 모르죠." 푸가 다소 미심쩍은 목소리로 말했다.

"예를 들어, 당신은 아까 꿀을 따려고 했죠. 그 모험이 리더의 여섯 가지 기본 원칙을 설명하는 데에 좋은 사례가 될 수 있어요. 모든 리더에게 공통적인 것들이거든요. 그리고 그것들이 그들을 진짜 리더로 만드는 것들이기도 하고요."

"벌꿀 이야기가 아니라 리더에 관한 이야기 맞죠? 방금 윙윙 소리를 들은 것 같아요." 푸가 나무가 있는 쪽을 빤히 쳐다보았다.

이방인은 유심히 귀를 기울였다. "제 생각에는 숲 저 편에 있는 마을의 누군가가 말뚝 울타리를 따라 막대기를 휘두르고 있는 것 같은데요."

"아. 저는 그게 벌인 줄 알았어요."

"아니에요. 그냥 벌 소리처럼 들리는 것 같아요."

"그렇군요. 리더의 여섯 가지 원칙은 무엇인가요?" 푸가 집중하고 있었다는 것을 보여주듯 물었다.

"당신이 꿀을 찾으러 떠났던 모험을 통해 그것들을 알아봅시다." 이방인이 제안했다.

그는 소풍 바구니를 열더니 아침식사로 스낵을 조금 꺼내어 푸에게 다정하게 건넸다. 그러고는 책 한 권을 꺼내 휙휙 책장을 넘기며 자신이 찾는 쪽에 멈췄다. "이렇게 전개되는 내용이이에요." 이방인이 책 내용을 읽기 시작했다.

어느 날 위니 더 푸는 산책을 하다가 숲 한가운데 확 트인 장소에 다다랐어. 그곳 한복판에는 커다란 떡갈나무 한 그루가 서 있었는데, 그 나무 꼭대기에서 윙윙거리는 소리가 나는 거야. 푸는 나무 밑동에 앉아 앞발로 머리를 괴고는 생각하기 시작했어.

그러고는 혼자 이렇게 중얼거렸지. "저기서 윙윙거리는 소리가 난다는 것은 저기에 뭔가 있다는 뜻이야. 아무 이유 없이 저렇게 윙윙거리는 소리가 그냥 날 리 없지. 윙윙 소리가 난다는 것은 누군가 윙윙 소리를 내고 있다는 거고, 그리고 내가 아는 한 윙윙 소리를 내는 건 꿀벌밖에는 없어.

그러곤 또 한참을 생각하고 말했지.

"그리고 꿀벌이 있는 이유는 꿀을 만드는 것뿐이란 걸 나는 알지."

그러더니 푸가 일어서서 말했어. "그리고 꿀을 만드는 이유는 하나 밖에 없어. 나더러 꿀을 먹으라는 거지." 그러곤 나무에 오르기 시작했어.

푸는 조금 더 위로 올라갔어. 그리고 조금 더 위로……조금씩 조금씩 더……

그때쯤 푸는 좀 지쳐가고 있었어. 그래서 불평하는 노래를 불렀지. 자, 거의 다 왔어. 그리고 이제 저 나뭇가지에 딱 올라서기만 하면……

우지직!

"그러니까, 이게 다……." 푸는 마지막 나뭇가지에 작별 인사를 하고 세 바퀴를 빙글빙글 돌아 우아하게 가시금작화 덤불 속으로 떨어졌지. 그러면서 생각했어. "이게 다 꿀을 너무 좋아한 탓이야. 아, 살려줘!"

그는 가시덤불에서 기어 나와 콧등에서 가시들을 털어내고 다시 생각하기 시작했어. 그리고 맨 처음 떠올린 사람이 크리스토퍼 로빈이었지.

그래서 위니 더 푸는 친구인 크리스토퍼 로빈을 찾아갔어. 그는 숲 다른 편에 있는 초록 대문 뒤에 살고 있었지.

"안녕, 크리스토퍼 로빈." 푸가 말했다.

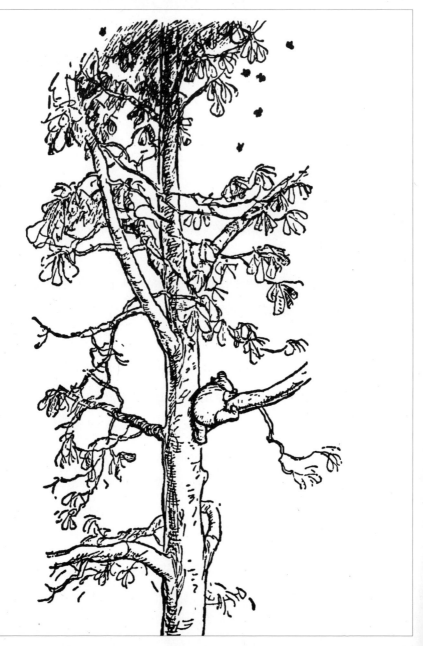

"지금 이 이야기는 '목표 설정'에 대한 설명인데, 리더가 수행해야 하는 첫 번째 원칙이에요. 그녀가 기업을 경영하기 위해 첫 번째로 해야 할 일이죠." 이방인이 말했다.

"리더는 항상 '그녀'들인가요?" 푸가 어리둥절한 표정을 지으며 물었다.

"아니요. 그렇지 않아요. 남자 리더들이 많아요. 알다시피 대명사가 어려워요. 남자, 여자 모두를 포함하는 상황을 말할 때 남성 대명사를 사용하는 관습은 혼란스럽고 어떤 사람들을 불쾌하게 만들기도 해요. 그래서 저는 어떤 때는 남성 대명사를 쓰고, 또 어떤 때는 지금처럼 여성 대명사를 쓰곤 해요." 이방인이 대답했다.

푸는 이해했다는 듯 고개를 끄덕였다. 하지만 정말로 이해한 것은 아니었다. "크리스토퍼 로빈이 여기에 있었다면 막대기로 땅에다 '첫 번째 원칙'이라고 글자를 썼을 거예요. 그건 기억해야 할 단어 같거든요. 제가 쓰고 싶지만 이 숲에서 글자를 쓸 수 있는 사람은 크리스토퍼 로빈 뿐이라서요."

"좋은 생각입니다. 우리가 이야기하는 동안 제가 쓸게요." 이방인은 막대기 하나를 집어 들고는 땅에 크게 썼다.

리더의 여섯 가지 기본 원칙

1. 목표 설정

"이건 당신이 꿀벌나무를 찾았을 때 가장 먼저 한 일입니다. 당신은 꿀을 따기로 했고, 그리고 얼마나 딸지 꿀의 양을 결정했죠." 이방인이 말했다.

"맞아요." 푸가 아쉬워하며 말했다.

"그러고는 당신은 크리스토퍼 로빈에게 달려갔어요. 목표를 이루고 목적을 달성하는 데 로빈의 도움이 필요해서요."

이방인이 책 내용을 계속 읽었다.

"너 혹시 풍선 같은 게 있니?"

"풍선?"

"응. 여기로 오면서 혼자 중얼거렸거든. '크리스토퍼 로빈한테 혹시 풍선 같은 게 있을까? 그냥 나 혼자 한 말이야. 풍선 생각을 하니 궁금해서."

"풍선으로 뭘 하려고?" 네가 말했지.

위니 더 푸는 주위에 아무도 없는지 둘러본 다음 앞발을 입에다 대고 나지막한 목소리로 속삭였어. "꿀을 따려고!"

"풍선으로 꿀을 딸 수는 없어."

"난 딸 수 있어." 푸가 말했다.

그래서 너희 둘은 파란색 풍선을 가지고 밖으로 나갔고, 넌 언제나 그랬듯 만일에 대비해 총을 가지고 갔어. 그리고 위니 더 푸는 알고 있던 진흙탕으로 가서 온몸이 까맣게 될 때까지 구르고 또 굴렀단다. 그러고 나서 너와 푸 둘은 풍선을 불어 최대한 커질 때까지 풍선 줄을 꽉 잡고 있다가, 네가 냅다 놓아 버렸어. 그러자 푸 베어가 하늘 위로 우아하게 떠오르더니 나무 맨 꼭대기 높이에서 멈췄단다. 나무와는 약 육 미터쯤 떨어진 곳이었지.

"아주 좋았어요, 푸. 당신은 훌륭한 리더가 수행하는 두 번째 원칙을 효과적으로 수행했어요." 이방인이 말했다.

이방인은 첫 번째 원칙 다음에 이렇게 썼다.

2. 조직화

"당신은 목표를 달성하기 위해 해야 될 일을 분석했어요. 당신한테 어떤 자원이 필요하고, 어떤 일이 수행되어야 하고, 그 필수 작업을 하는 데 누가 가장 적합한지를 결정했어요. 당신은 그의 재능과 능력을 평가해서 임무를 배정했던 거예요." 이방인이 말했다.

"크리스토퍼 로빈은 풍선과 일이 잘못되었을 때를 대비해 총을 챙겨두었죠. 필요한 것들이었어요." 푸가 말했다.

"맞아요. 그가 적격이었어요. 왜냐하면 래빗이나 피글렛, 아니면 이요르는 그런 것들을 가지고 있지 않았잖아요. 당신이 크리스토퍼 로빈을 선택함으로써 세 번째 원칙을 해낸 겁니다. 바로 '동기부여'라고 합니다."

이방인이 숫자 3을 그 밑에 썼다.

3. 동기부여

"동……, 동기 뭐라고요?" 푸가 물었다.

"동기부여. 그건 누군가가 무언가를 하고 싶어 하는 이유를 의미해요. 리더로서 당신이 누군가가 어떤 일을 하길 원한다거나 당신이 목표를 달성하는 데에 도움을 주기를 원한다면, 당신은 그 사람이 도와야 하는 이유를 찾아서 알려주어야 해요." 이방인이 말했다.

"전 크리스토퍼 로빈에게 꿈 이야기를 했어요."

"당신은 크리스토퍼 로빈이 꿈을 좋아한다는 걸 알고 있었고, 그게 그에게는 당신이 꿈을 따는 걸 도와줄 이유나 동기가 된 거죠. 그는 자신이 도와준다면, 당신이 목표를 달성했을 때 그것을 공유할 거라는 걸 알고 있었어요. 당신은 그가 당신을 돕도록 동기를 부여한 거예요."

"대부분의 사람들이 꿈을 좋아하니까요. 그런데 저는 다른 이유가 있는 것 같아요. 크리스토퍼 로빈은 항상 흔쾌히 저를 도와주거든요. 설령 꿈이 아니어도요. 그가 곰 중에서 나를 가장 좋아하기 때문이라고 생각해요." 푸가 말했다.

"훌륭해요. 다른 사람을 좋아한다는 것 역시 가장 강력한 동기부여가 될 수 있지요. 아주 예리한 지적이에요." 이방인이 푸를 칭찬했다.

'제가 바로 그런 곰이라고요!' 푸는 생각만 하고 큰 소리로 말하지는 않았다. 대신 질문을 했다. "다음 네 번째 원칙은 뭔가요?"

"사람을 성장시키는 것이에요. 이걸 소홀히 하기 쉬운데 좋은 리더는 반드시 이 일을 해야 해요." 이방인이 다음 글자를 썼다.

4. 사람을 성장시키는 것

"사람을 성장시키는 것은 말이죠, 당신이 구름이 되어서 벌들이 당신을 풍선에 매달린 곰이 아니라 그냥 구름이라고 생각하게 만들려면 어떻게 행동해야 하는지, 크리스토퍼 로빈을 코치할 때 했던 바로 그것이에요. 기억하죠, 이랬잖아요."

"크리스토퍼 로빈!"

"응?"

"너희 집에 우산 있어?"

"그럴걸."

"그럼 우산을 여기로 가지고 와줘. 그리고 우산을 들고 왔다 갔다 하다가 가끔 나를 올려다보면서 이렇게 말해줘. '쯧쯧, 비가 올 것 같은데.' 네가 그렇게 하면 우리가 벌들에게 하는 속임수에 도움이 될 거야."

피식, 넌 혼자 웃었어. "바보 곰돌이!" 하지만 넌 푸를 너무 좋아했기 때문에 그걸 소리 내어 말하진 않았지. 그리고 넌 우산을 가지러 집으로 갔어.

"아, 왔구나!" 위니 더 푸는 네가 나무로 돌아오자마자 소리쳤단다. "나막 걱정이 되려던 참이었어. 벌들이 이제 확실히 의심하는 것 같거든."

"우산을 펼까?" 너는 말했지.

"응, 근데 잠깐 기다려 봐. 우리 제대로 해야 하거든. 여왕벌을 속이는 것이 중요해서 말이야. 거기 밑에서 어떤 벌이 여왕벌인지 알 수 있어?"

"아니."

"아쉽네. 음, 그럼 자, 네가 우산을 들고 왔다 갔다 하면서 '쯧쯧, 비가 올 것 같은데'라고 말해. 그러면 내가 구름이 노래하는 것처럼 보이게 짧은 '구름 노래'라도 부르면서 내가 할 수 있는 걸 할게. 자, 시작!"

그래서 너는 왔다 갔다 하면서 비가 올지 궁금해 했고, 위니 더 푸는 이런 노래를 불렀지.

파란 하늘에 두둥실
떠 있는 구름이라니 완전 멋있어!
작은 구름은 언제나 모두
큰 소리로 노랠 부르지.

파란 하늘에 두둥실
떠 있는 구름이라니 완전 멋있어!
작은 구름이라서
너무 자랑스럽지.

"그러니까 당신은 제가 크리스토퍼 로빈에게 우산을 펴고 왔다 갔다 하면서 '쯧쯧, 비가 올 것 같은데'라고 말해야 한다고 얘기한 거 말하는 거죠?" 푸가 물었다.

"맞아요. 당신은 그의 연기력을 발전시킨 거예요. 게다가 짧은 '구름 노래'를 불러서 당신만의 '구름다움'도 발전시켰죠."

"그렇죠." 푸가 고개를 끄덕였다. 그리고 말을 이었다. "그게 저의 구름 노래 중 더 나은 노래라고 생각했어요. 하지만 벌들이 그렇게 생각했는지는 잘 모르겠어요."

"그래요. '성과 향상'은 보통 단계적으로 이루어집니다. 아마 다음번에는 벌들도 그렇게 생각할 거예요. 자, 이제 다섯 번째 원칙을 설명할 좋은 사례를 알려줄게요."

이방인이 책 내용을 읽어주었다.

"크리스토퍼 로빈!" 푸가 다 들리게 큰 소리로 속삭였어.

"어어!"

"벌들이 뭔가를 의심하는 것 같아!"

"무슨 의심?"

"모르겠어. 그렇지만 난 어쩐지 벌들이 의심하는 거 같아!"

"혹시 벌들이 네가 자기들 꿀을 찾는 거라고 생각하는 걸지도 몰라."

"그럴지도 몰라. 도통 알 수 없는 게 벌들이니까."

벌들은 여전히 의심스러운 듯 윙윙거렸어. 그러다 벌 몇 마리가 벌집

을 나와 그 구름 주위로 날아들었지. 한 마리는 구름의 코 위에 잠깐 앉

았다가 다시 날아가기도 했단다. 그때 구름 노래 2절을 막 시작하려던

참이었는데, 노래대신 소리를 질렀어.

"크리스토퍼, 으악! 로빈."

"응?"

"방금 생각한 건데, 내가 아주 중요한 결론을 내렸어. 이 벌들은 우리

가 생각한 그 벌들이 아니야."

이방인은 다섯 번째로 '의사소통'이라는 글자를 땅에 적었다.

5. 의사소통

"의사소통은 당신의 일과 관련 있는 모든 사람에게 일의 진행 상

황을 알려주는 거예요. 그건 당신이 그들에게 뭔가를 말할 때 일

어나는 것이고, 또한 당신이 그들과 함께 행동하고 일하는 방식

과도 관련이 있어요." 이방인이 말했다.

"크리스토퍼 로빈에게 벌들이 확실히 의심한다고 말했던 것처

럼요."

"맞아요. 그리고 또 벌이 그 구름의 코를 쏘았을 때 당신이 '아야!'라고 말했을 때도 당신은 의사소통을 한 거예요."

"그건 의사소통을 한 건 아니었는데." 푸가 그 구름의 코가 떠올랐는지 코를 문지르며 말했다.

"어쨌든 당신은 팀원에게 그 상황에 대해 제대로 된 정보를 효과적으로 제공했어요. 그것이 의사소통의 역할이죠."

"듣고 보니 좋은 거네요. 그때는 별로였거든요."

"무슨 말인지 알아요. 이제 리더가 해야 할 여섯 번째 원칙은 목표를 향한 진척도와 각 개인의 성과, 두 측면에서 상황이 어떤지 알아보는 거예요. 그걸 측정과 분석이라고 말해요. 기억나요? 당신은 그걸 이렇게 했는데!"

"크리스토퍼 로빈, 총으로 풍선을 쏴야 해. 총 가지고 있지?"

"물론이지." 네가 말했단다. "근데 그렇게 하면 풍선이 망가질 텐데." 너는 또 말했어.

"네가 풍선을 쏘지 않으면 내가 풍선을 놓아야 하고, 그러면 내가 다칠 거야."

이대로 두면 상황이 어떻게 될지 알게 되자, 너는 아주 조심스럽게 풍선을 향해 총을 쏘았단다.

"악!" 푸가 소리쳤어.

"못 맞혔어?" 네가 물었지.

"정확히 못 맞혔다고 할 수는 없는데, 풍선은 못 맞혔어." 푸가 말했어.

"정말 미안해." 너는 그렇게 말하고 다시 총을 쐈고, 이번에는 풍선을 제대로 맞혔어. 그러자 풍선에서 바람이 서서히 빠지면서 위니 더 푸는 미끄러지듯 땅으로 내려 왔단다.

이방인이 다음과 같이 글자를 썼다.

6. 측정과 분석

"이게 가장 중요한 요소 중 하나입니다. 개인들이 자신이 어떻게 하고 있고 무엇을 올바르게 하고 있는지 알지 못한다면 성과를 향상시킬 수 없기 때문이에요. 물론 당신의 측정 결과는 팀과 조직 구성원 모두에게 전달되어야 해요."

"당신이 크리스토퍼 로빈에게 첫 총알이 풍선을 빗나갔다고 말해준 건 바로 당신이 정확하게 결과를 전달한 것에 해당합니다.
그리고 첫 총알이 무엇을 맞혔는지 알려줌으로써 그가 목표를 바
로잡고 두 번째 총알로 성과를 향상시킬 수 있게 해주었어요."

"제가 그랬다니 기뻐요. 제가 그렇게 한 것 같아요!" 푸가 말했다.

"리더는 구성원이 성과를 향상하면 언제나 기쁘죠."

푸는 다음에 꿀벌나무에서 꿀을 따려고 할 때 뭔가 다른 일을
하지 않으면 성과가 향상될 것 같지 않았다. 그래서 푸는 일어나
서 글자를 적어놓은 땅으로 다가가 가만히 서서 리더의 여섯 가
지 원칙 목록을 쳐다보았다. 그러고는 윙윙거리는 소리가 들리는
나무에 있을 게 분명한 꿀을 얻으려면 그 여섯 가지 원칙들을 어
떻게 적용할지 살펴보았다.

좋은 리더가 되기 위한 여섯 가지 원칙

—

1. 목표 설정

2. 조직화

3. 동기부여

푸가 땅에 적어둔 여섯 가지 원칙들을 보러 가면서 그 글자들을 스쳐서 지나가는 바람에 일부 글자들이 지워져 실제로는 다음과 같이 보였다.

1. 목 설정

2. 조 화

3. 동기 여

4. 사람을 성장 는 것

5. 의 소통

6. 측 과분석

푸는 잠깐 동안 서서 아래를 내려다보다가 물었다. "측, 뭐라고 했죠?"

"'측정'이라고 해야 해요. 당신이 글자들을 스쳐 지나가서 몇몇 글자가 지워졌어요."

"아. 전 우리가 얘기 안한 내용이 있는 줄 알았어요. 이제 조금씩 알 것 같아요. 그런데 제가 이해 못한 게 하나 더 있어요."

"그게 뭐죠?"

푸가 여섯 가지 원칙 목록을 가리키며 말했다. "이것들은 모두 '무엇What'처럼 보여요. 제가 어려워하는 건 '어떻게How'인데 말이죠."

"그렇죠. 하지만 우리가 '어떻게'를 이해하려면 먼저 '무엇'이 뭔지 알아야 해요." 이방인이 말했다.

"그렇군요." 푸가 정말 잘 모르겠다는 듯 당황한 목소리로 말했다. "그럼 이제 '어떻게'에 대해 시작해 볼까요?" 푸가 말했다.

"점심시간이 훨씬 지난 것 같은데요. 오늘은 이 정도면 충분한 것 같아요. 우리 내려가서 벌들이 꿀을 만들면서 윙윙거리는 소리를 낸 건지 확인해 볼까요? 아니면 제가 소풍 바구니를 놔둔 곳으로 갈까요? 그 안에 커다란 꿀단지가 들어 있어요." 이방인이 하늘을 올려다보며 말했다.

2장

푸가
아울과
경영 이론에 대해
이야기하다

푸가
백 에이커 숲에 사는 아울을 찾아가
경영 이론에 대한 이야기를 주고받는다.

•
•
•

푸는 당황했다. 사실, 그는 당황했다기보다 혼란스러워했다. '혼란스럽다'는 푸가 알고 있는 단어 중 가장 긴 단어에 속했다. 크리스토퍼 로빈이 이 단어가 일종의 '뒤죽박죽 섞여 어지럽고 당황스럽다'는 뜻이라고 설명해주기 전까지 푸는 그 의미를 정확히 몰랐다.

푸는 경영에 대해 이방인과 이야기를 나눈 이후로 줄곧 혼란스러워하고 있었다. 이방인과의 대화는 좋았고, 무엇보다 이방인이 사려 깊게 소풍 바구니에 가지고 온 아주 큰 꿀단지 이야기로 대화가 마무리된 것이 마음에 들었다.

푸는 경영이란 무엇이고, 리더의 여섯 가지 기본 원칙에 대해 제법 잘 이해했다. 특히 이방인이 푸가 땅에 쓴 글자들을 자세히 보려고 걸어오면서 일부 글자들이 지워졌다고 말하고 나서는 더욱 그랬다. 몇 글자가 중간 중간 지워졌음에도 불구하고 머리가 나쁜 곰에게도 매우 간단하고 이해하기 쉬워 보였기 때문이다.

그래서 혼란스러웠다. '어떻게'를 제외하고는 모든 것이 무척 간단해 보였는데, 이방인은 경영 이론에 관한 책들이 무수하게 출간되었고, 그 중 일부에는 경영 이론명을 붙였다고 말했다. 간단한 원칙들처럼 보였는데, 왜 그렇게 많은 책들이 출간되었을까? 푸는 잘 이해가 되지 않았다.

푸가 출발했을 때 숲속은 화창한 봄날 아침이었어. 작은 뭉실 구름들이 마치 해를 가리려는 것처럼 이따금씩 해 앞으로 나왔다가, 갑자기 미끄러지듯 흘러가면서 다음 차례 구름에게 자리를 내어주었지. 파란 하늘에서 즐겁게 노니는 것 같았어. 그래도 해는 구름 사이로 용감하게 빛났단다. 일 년 내내 전나무 옷을 입고 있었던 잡목림이 이제는 너무나 곱게 갈아입은 너도밤나무의 초록빛 레이스 옆에서 낡고 초라해 보였어. 푸는 잡목림을 지나 작은 숲길을 행진하듯 걸었어. 가시금작화와 헤더(낮은 산·황야 지대에 나는 야생화로, 보라색·분홍색·흰색의 꽃이 핌 - 옮긴이 주)가 핀 탁 트인 비탈을 따라 내려갔고, 바위투성이의 개울바닥을 건너 가파른 사암 언덕을 오른 다음 다시 헤더가 핀 곳에 다다랐지. 지치고 배가 고플 무렵 곰은 마침내 백 에이커 숲에 도착했어. 아울이 사는 곳이 백 에이커 숲이었거든.

"그리고 뭔가에 대해 뭔가를 아는 사람이 있다면." 푸는 혼잣말을 했어. "뭔가에 대해 뭔가를 아는 건 바로 아울이야." 또 중얼거렸지. "그렇지 않으면 내 이름은 위니 더 푸가 아니야." 계속 말했어. "하지만 내 이름은 위니 더 푸지." 푸가 덧붙였지. "그러니까 내 말이 맞는 거야." 푸가 이어 말했어.

아울은 밤나무에서 살았는데, 그의 집은 굉장히 고풍스럽고 멋진 저택이었어. 푸에게 그 집은 다른 어떤 집보다도 웅장해 보였단다. 그 집 대문에는 문을 두드리는 문고리와 줄을 당겨 종을 울리는 설렁줄이 다 있었기 때문이야. 문고리 아래엔 이런 안내문이 붙어 있었어.

'데답이 필오하면 종을 울리새오.'

설렁줄 아래엔 이런 안내문도 있었지.

'데답이 필로 없으면 문을 드두리새여.'

이 안내문들은 크리스토퍼 로빈이 쓴 거였어. 그가 이 숲에서 유일하게 맞춤법에 맞게 글자를 쓸 수 있거든. 아울은 여러 방면에서 똑똑해서 읽고 쓰고 비록 자기 이름을 '우알'이라고 쓰기는 해도 그래도 쓸 수 있

었지. 하지만 '홍역'과 '버터 바른 토스트' 같은 까다로운 단어들에는 어찌된 일인지 혼란스러워하며 실수를 하곤 했단다.

위니 더 푸는 아주 유심히 두 안내문을 읽었어. 먼저 왼쪽에서 오른쪽으로, 그리고 혹시나 빠뜨린 글자가 있을까 봐 오른쪽에서 왼쪽으로 읽었지. 그런 다음 확실히 하려고 문고리를 두드린 후 줄을 잡아당겼고, 다시 설렁줄을 당긴 후 두드렸단다. 그러곤 푸는 아주 큰 소리로 소리쳤어. "아울! 나 대답이 필요해! 나야 푸!" 그러자 문이 열리고 아울이 밖을 내다봤어.

"안녕, 푸, 어떻게 지내?" 그가 말했어.

"머리가 복잡해. 네가 날 도와줄 수 있을 같아. 경영에 관한 이야기야." 푸가 말했다.

"글쎄, 그건 무척 진지한 주제라 시간이 걸릴 것 같은데. 점심 먹고 갈 수 있어?" 아울이 말했다.

"그 정도 시간은 있어." 푸는 아울의 어깨 너머로 그의 식자재 창고가 평소대로 잘 채워져 있는지 살펴보려고 애쓰면서 말했다. "하지만 제대로 식사를 차리지 않아도 돼. 그냥 연유 뭐 그런 거 한 모금에 약간의 꿀 정도만 있으면 돼. 물론 누군가 호의로 먹어주지 않으면 곧 상할 수도 있는 오래된 꿀단지가 있다면 모를까.

그런 경우라면 내가 처리해줄 수 있어. 말하자면 그래."

아울이 문 밖으로 나오더니 말했다. "들어와. 〈월스트리트 저널〉을 읽고 있었거든. 한 쪽으로 치우고 시작하자."

"점심을 먹으면 좋겠어." 푸가 말했다. 그러고는 덧붙였다. "그건 그렇고. 내 친구 이요르가 또 꼬리를 잃어버린 것 같아."

"응, 뭐라고?" 아울이 문 밖을 내다보며 말했다. "밖에 이요르는 없는데?"

"설렁줄을 말하는 거야. 내가 마지막으로 봤을 때 이요르는 설렁줄에 붙어 있었거든." 푸가 말했다.

아울이 설렁줄을 쳐다보았다. "아, 그래. 음, 이요르가 왜 그러는지 알겠군. 나도 설렁줄을 꽤 좋아하거든. 이건 집 대문에 어떤 독특한 분위기를 더해줘. 사실 이건 내가 전에 가졌던 것과 놀랍도록 비슷해. 전에 거는 네가 이요르의 꼬리를 찾으러 여기를 방문한 직후에 누군가 고리를 풀고 가져갔어. 이건 지난 번 같이 숲속 덤불에서 찾았어. 누군가 설렁줄을 만들어 숲을 지나 시장으로 가다가 칠칠치 못하게 흘린 게 분명해."

"아, 그건 생각 못했는데." 푸가 말했다.

"맞아. 어쨌든 앉아서 시작해 보자." 아울이 말했다.

"일단 점심부터 먹고. 아니면 우리 브런치부터 시작할 수도 있지." 푸가 재빨리 말했다. 그러고는 아울의 벽난로 선반 위에서 시계가 재깍거리는 것을 힐끗 쳐다보더니 말했다. "난 보통 오전 11시에는 뭔가를 좀 먹는데, 곧 그 시간이네."

"이런, 그렇구나. 난 보통 혼자 뭘 먹는데." 아울이 말했다.

"간단히 먹고 점심은 좀 더 나중에 먹으면 되지." 푸가 말했다.

아울과 푸는 간식을 조금 먹은 후 점심을 먹었다. 그러고 나서 벽난로 양쪽에 서로 마주보며 앉았다. 밖에는 바람이 거세지고 있었지만 아울의 집은 아주 튼튼하게 지어졌고, 장작불이 타닥타닥 소리를 내며 춤을 추듯이 멋지고 따뜻한 불빛을 내뿜었다. 푸는 여기가 경영 이론을 배우기에 퍽 좋은 장소라고 느꼈다.

"자, 어디서부터 시작할까?" 아울이 말했다.

"글쎄. 나는 경영 이론에 대해 별로 아는 게 없으니까." 푸가 말했다. 그러더니 푸는 아울이 자신을 머리가 별로 안 좋은 곰이라고 생각할까 봐 급하게 말을 이어 나갔다. "누군가를 별이나 뭐 다른 것이 아니라 리더로 만드는 일이 무엇인지는 알고 있어."

"너한테 물은 게 아닌데. 나 혼자 한 말이야." 아울이 말했다.

"나한테 묻는 줄 알았어. 난 분명히 '자, 어디서부터 시작할까?' 라고 말하는 걸 들었거든." 푸가 말했다.

"그건 네가 피글렛한테 '날씨가 참 좋지?' 하고 인사말을 하는 것처럼 그냥 대화를 시작할 때 하는 일종의 매너지. 그도 날씨가 참 좋다고 생각할 테니까. 진짜로 대답을 기대하지는 않잖아." 아울이 말했다.

"아, 무슨 말인지 이해했어." 푸가 말했다.

"좋아." 아울은 설명을 깔끔하게 잘 했다는 것에 안도하며 말했다. "자 이제, 어디서부터 시작해 볼까?"

"나는 언제나 시작하기 좋은 곳이 처음이라고 알고 있어. 왜냐하면 안 그러면 아주 혼란스러워질 수 있거든. 만약 끝에서 시작하잖아? 네가 시작도 하기 전에 결말이 어떤지 이미 알게 되니까 재미가 없어. 또는 중간부터 시작하면 동시에 앞으로도 뒤로도 갈 수 없지. 그리고……." 아울이 혼잣말하는 거란 걸 까먹은 채 푸가 답했다.

"우리는 처음부터 시작할 거야." 아울이 단호하게 말했다.

"좋아." 푸는 아울의 말을 제대로 경청하기 위해 의자에 폭 웅크려 앉아 자세를 편하게 했다.

"경영 이론에 대한 가장 초창기 기록 중 하나는 《성경》에 나오는 〈출애굽기〉 18장에 나와 있어. 모세는 이스라엘 민족의 리더였지." 아울이 말을 이어나갔다.

아울은 잠시 말을 멈추더니 푸를 응시했다. "너도 알다시피 경영자가 리더가 되는 게 바람직해." 사실 푸는 아울이 이야기하기 전까지는 그걸 모르고 있었지만 알고 있었던 것처럼 보이려고 고개를 끄덕였다.

"어쨌든 모세는 모든 일을 다 하려다 보니 제대로 일을 처리하는 데 어려움을 겪고 있었어. 이 상황을 본 그의 장인 이드로는 모세한테 좋은 사람들을 뽑아서 좀 덜 중요한 일들을 맡기는 게 어떠냐고 제안했지. 이렇게 하면 모세는 정말 중요한 일을 할 수 있는 시간을 더 많이 확보할 수 있게 되지. 이걸 '위임'이라고 해. 이건 오늘날도 리더가 해야 할 중요하고도 꼭 필요한 일이지."

푸는 리더의 여섯 가지 원칙 중 어디에 해당되는지 이방인에게 물어보기 위해서 '위-임'이라고 몇 번이나 혼자서 되뇌며 까먹지 않으려고 애썼다. 아울의 이야기는 마치 '어떻게'에 관한 것처럼 들렸다.

푸는 또 리더에 대해 까먹지 않고 이방인에게 묻기 좋게 짧은

'리더 노래'를 만들어 불렀다.

경영자, 경영자가
리더가 되어야 해.
우리 모두 알듯이
그게 가장 중요해.

푸는 나직이 콧노래를 흥얼거렸다. 아울은 푸가 이상한 소리를
내자 그를 쳐다보며 점심이 입에 안 맞았냐고 물었다.

푸는 자신은 괜찮으며 점심은 정말 좋았다고 말했다. 그가 낸
그 소리는 그저 뭔가를 기억하려고 애쓸 때 내는 소리였다.

"다행이군. 자, 〈출애굽기〉는 아주 오래전에 일어난 일이지만
그 이후로 사람들은 경영에 대한 많은 생각을 하고 기록해 왔어."
아울이 말했다.

"그 이야기는 이방인이 말해줬는데, 세상에는 X, Y, Z 이론과
지금 기억이 안 나는데 다른 많은 것들에 관한 책들이 있다고 하
더라고."

푸는 아울의 말을 잠시 멈춰 세우고 이방인이 했던 말을 전했
다. 푸가 말을 마치자, 아울은 사려 깊게 고개를 끄덕였다.

"경영에 관한 많은 중간 사항들을 생략하고 X와 Y 같은 중요한

이론들에 대해 좀 더 이야기할 수 있을 것 같아." 아울이 말했다.

"좋아." 푸가 말했다. X는 푸가 만들 수 있다고 생각하는 글자 중 하나였기 때문에 X 이론에 대한 이야기를 하자는 그의 아이디어가 상당히 마음에 들었다. X는 똑같은 크기의 막대기 두 개를 가져와서 하나를 다른 하나 위에 가운데 부분이 서로 닿도록 놓기만 하면 된다.

이때 X를 만드는 방법에 주의해야 한다. 왜냐하면 크리스토퍼 로빈이 말한 더하기 기호가 나올 수도 있기 때문이다. 더하기 기호는 X랑 뜻이 완전히 다르다.

푸가 X를 좋아하는 이유는 더 있었다. X는 (크리스토퍼 로빈이 푸가 어떠어떠한 곰이라고 말할 때 썼던) '최고의Xcellent', '재미있는Xciting', '뛰어난Xceptional', 그리고 꿀처럼 '끝내주게Xtremely 맛있는' 같은 좋은 뜻을 가진 많은 단어들의 첫 글자기 때문이었다.

때때로 푸는 주위에 아무도 없을 때 숲에서 똑같은 크기의 막대기 두 개를 발견하면 스스로 X를 상기하려고 X자를 만들어 보곤 했다.

"X와 Y는 더글러스 맥그리거Duglas McGregor가 그의 저서 《기업의 인간적 측면The Human Side of Enterprise》에서 직원과 비즈니스를 관리하고 경영하는 두 가지 기본 방식으로 지칭했던 글자야. X 이론은 전통적인 접근이야. 인간은 게으르고 꿈도 야망도 없으며 단지

선택의 여지가 없어 일을 할 뿐이며, 일하는 것을 싫어하므로 강제되고 지시를 받아야 한다고 가정해. 또 인간은 자신과 자신의 행동에 대해 책임을 질 수 없으며 관리되어야 한다고도 가정하고 있지." 아울이 말했다.

"반면 Y 이론은……." 아울이 계속 이어갔다.

"왜 그건 반면이야?" 푸가 끼어들었다.

"뭐…… 뭐라고?" 아울이 물었다.

"왜 Y 이론이 반면이냐고? 나는 X 이론이 한 면인 줄은 몰랐는데." 푸가 말했다.

"아, 뭘 묻는지 알겠군. 그건 그냥 우리가 처음에 이야기한 거랑 '구별할 때' 쓰는 말의 표현 방식이야." 아울이 말했다.

"그렇구나." 푸는 비록 완전히 이해하지 못했지만 일단 그렇게 말했다. 이런 경영 이론들은 때때로 이해하기가 어려웠다.

"네가 말을 중간에 끊기 전에 내가 말하려고 했던 건 말이지." 아울이 푸를 빤히 쳐다보았다. 그리고 계속 말했다. "Y 이론은 인간은 일을 하고 싶어 하고, 그 일에 대해서 책임을 지고 싶어 한다고 가정하고 있어. 인간은 누군가에게 관리받고 싶어 하지 않아. 스스로 자율적으로 자기관리를 하길 원한다는 거지. 너도 알겠지만, 푸. 이 두 가지 이론은 정반대야. 문제는 뭐가 맞느냐는 거지. 그 책을 쓴 맥그리거는 어느 한 쪽으로 치우치지 않고 공평한 척했지만 그가 Y 이론이 일과 직원을 관리하고 경영하는 방식이라고 느꼈다는 데에는 의문의 여지가 없어. 넌 뭐가 맞는 것 같아?" 아울이 푸를 쳐다보며 물었다.

푸는 두 가지 이론을 완전히 이해했다는 확신이 들 때까지 그 이론들에 대해 생각해 보았다. 그런 다음에 자신과 친구들이 했던 모든 일들에 대해 관리와 경영이 필요하다고, 그런 다음 모든 친구들과 자신이 알고 있는 모든 사람들에 대해서, 그리고 마지막으로 자신에 대해서도 생각해 보았다.

푸는 너무 오래, 너무 열심히 생각하느라 기운을 돋울 만한 것이 필요했다. 어쩌다 본의 아니게 아울한테 툭 그걸 말해버렸다.

아울은 어쨌든 거의 티타임이 다 되었고, 자신의 집에 루가 먹는 비타민제는 없지만 아마도 빵 위에 연유와 꿀을 좀 더 얹으면 기운이 날 거라고 말했다.

"그거 좋네. 어쨌든 그렇게 먹어 보자." 푸가 말했다.

그들은 각자 조금씩 허기를 달랬다. 푸의 '조금'과 아울의 '조금'은 그 양이 서로 다르지만, 여하튼 그들은 각자 조금씩 뭘 먹었다. 푸는 접시에 마지막 남은 꿀까지 깨끗이 핥아먹고 나니 힘이 엄청 솟는 것 같았다.

날이 점점 쌀쌀해지고 늦은 시간이라 아울은 그릇을 치우고 나서 불을 지폈다. 그동안 푸는 좀 더 생각을 했다.

그러다 푸가 머리를 흔들더니 말을 꺼냈다. "난 머리가 나쁜 곰인가 봐. 뭐가 맞고, 뭐가 틀린지 잘 모르겠어. 그 이론들은 정반대잖아. 하나가 맞으면 다른 하나는 분명히 틀리다는 건데. 어떤 사람들은 예를 들어, 이요르 같은 경우는 X 이론을 더 좋아할 것 같고, 래빗처럼 다른 사람들은 Y 이론을 더 좋아할 것 같거든. 내 경우엔 어떨 때는 관리가 필요하고 또 어떨 때는 그렇지 않기도 하지. 누군가 관리를 필요로 한다면 Y 이론은 그들에게 전혀 좋지 않을 거야."

"축하해, 푸. 그게 바로 에이브러햄 매슬로가 그의 저서 《인간 욕구를 경영하라 Maslow on Management》에서 내린 결론이야. 경영 전문가인 피터 드러커는 그 문제는 어떤 이론이 맞고 틀리느냐가 아니라 각각의 경영자가 자신의 상황에 따라 어떤 것이 맞는지 결정해야 한다고 말했지. 그는 새로운 이론이 필요하다고도 했는데, X 이론이든 Y 이론이든 어느 쪽도 모든 조직에 잘 작동하는 것 같지는 않기 때문이라고 했어. 이제 너도 알겠지만 푸, 너는 머리가 나쁜 곰이 아니야. 넌 경영 전문가라고 하는 매우 똑똑한 사람들하고 똑같은 결론을 내렸잖아." 아울이 말했다.

내가 그런 곰이라니! 푸는 여전히 혼란스럽기는 했지만 기분이 훨씬 나아졌다. 그는 의자에서 일어섰다. "고마워, 아울. 나한테 경영 이론들을 설명해줘서. 늦은 데다 바람도 아까보다 세차게 부는 것 같으니 이제 난 가 보는 게 좋겠어." 푸가 말했다.

"언제든 와, 푸. 아주 진지한 주제에 대해 토론하는 건 항상 즐거워." 아울이 문을 열어주며 배웅했다.

바람이 정말 사나웠고, 게다가 저녁 식사 시간이 가까워져 푸는 서둘러 집으로 향했다. 푸는 집으로 돌아가는 길에 개울가의 언덕을 뛰어 내리고 낮게 매달린 나뭇가지들에 걸리지 않게 몸을 낮추어 피했다.

그러다 엉겅퀴가 무성한 숲 귀퉁이에 서 있는 늙은 회색 당나귀인 이요르를 보자, 푸는 아울네 대문에 있던 설렁줄이 떠올라 그에게 다가갔다.

"안녕, 잘 지냈어?" 위니 더 푸가 말했어.

이요르는 고개를 가로저었어.

"별로. 오랫동안 잘 지낸다고 전혀 못 느낀 것 같아."

"저런, 저런." 푸가 말했어. "안 됐네. 어디 한 번 보자."

그래서 이요르는 침통하게 땅바닥을 쳐다보며 그 자리에 서 있었고,

위니 더 푸는 그의 주변을 한 바퀴 돌았어.

"네 꼬리는 대체 어떻게 된 거야?" 푸가 놀라서 물었다.

"내 꼬리가 어떻게 됐는데?" 이요르가 말했다.

"꼬리가 없어!"

"확실해?"

"음, 꼬리가 있는 게 아니면 없는 거잖아. 둘 중 하나잖아. 이건 실수할 수가 없는 거야. 네 꼬리가 없어."

"그럼 뭐가 있는데?"

"아무것도 없어."

"어디 한 번 봐봐." 이요르가 말했지. 그러곤 조금 전까지 자신의 꼬리가 있었던 자리를 향해 천천히 몸을 돌렸어. 하지만 엉덩이 쪽을 볼 수 없자 다시 반대 방향으로 몸을 돌렸지. 그래도 어림없자 몸을 원위치

로 돌아와 이번에는 머리를 숙여 앞다리 사이로 넣어 쳐다봤어. 그러곤
긴 한숨을 쉬며 말했지. "네 말이 맞는 것 같아."

"당연하지. 내 말이 맞다니까." 푸가 말했어.

"그럴 줄 알았어. 내 꼬리다워. 너도 알겠지만 전에도 없었던 적
이 있었잖아." 이요르가 침울하게 말했다.

"그래. 그런데 이번엔 어디 있는지 알 것 같아. 아울의 집에 설
렁줄인척 걸려 있는 게 네 꼬리 같아." 푸가 말했다.

"참 이상하지. 어떤 것들은 자신의 있는 그대로의 모습에 전혀
만족하지 않고 항상 지금과 달라지기를 원한단 말이야." 이요르
가 말했다.

"네가 아울한테 가서 부탁하면 아마 돌려줄 거야. 아울은 이미

문고리를 가지고 있으니까. 근데 꼭 공손하게 부탁해야 해. 아울이 그 설렁줄이 너무 좋다고 말했거든." 푸가 말했다.

"아울한테 내가 그것에 애착을 갖고 있다고 말해 볼 순 있지. 그렇게 하면 아울을 설득할 수도 있겠지만, 글쎄. 어떨지 모르겠네. 아, 뭐 시도는 해볼 수 있지. 고마워, 푸." 이요르가 말했다.

그러더니 이요르는 아울의 집 방향으로 출발했다.

"음. 적어도 가끔은 돌봐주고 관리를 해줘야 할 사람들이 있다는 내 생각이 맞았던 것 같아." 이요르가 떠나자 푸가 혼자 중얼거렸다.

3장

푸의
통찰력이
발휘되기
시작하다

이방인과 푸 그리고 래빗은
목표를 설정하고 조직화하는 '방법'에 대해 이야기하고,
푸는 '리더 노래'를 부르는 것을 잊어버린다.

이따금 푸는 래빗이 거의 티거만큼 통통 뛴다고 생각했다. 또 어떨 때는 아무도 티거를 따라잡을 수 없다고 생각했다. 래빗도 안되고, 캥거조차도 티거만큼은 아니다. 캥거와 래빗은 일정하게 잘 깡충깡충 뛰는 반면, 티거는 사방팔방 튀어 올라 어디로 떨어질지 가늠할 수가 없게 통통 뛴다.

그래서 푸는 이방인을 기다리는 동안 자신에게 통통 뛰면서 온 것이 티거가 아니라 래빗이라서 기뻤다.

종종 티거는 너무 많이 통통 뛰어다니면 안 된다는 걸 까먹었다. 만약 티거가 통통 뛰다 이방인을 덮치기라도 한다면 그를 불쾌하게 만들 수도 있었다.

"안녕, 래빗." 푸가 말했다.

"좋은 아침이야, 푸. 뭐하고 있어?" 래빗이 말했다.

"VIB에 대해 생각하면서 이방인을 기다리고 있었어." 그러고는 푸는 이방인과 나누었던 경영 그리고 아주 중요한 곰이 될 수 있는 기회에 대해 모두 설명했다.

"그렇구나. 엄청 재미있겠는걸." 푸의 설명을 듣고 래빗이 말했다.

"여기서 같이 이방인을 기다릴래?" 푸가 말했다.

푸는 래빗이 숲에서 더 똑똑하고 더 교육을 많이 받은 친구 중 하나라는 사실을 떠올렸다. 그래서 이방인이 그를 만나면 좋겠다고 생각했다. 푸는 또 동기부여에 대해 이야기했던 걸 기억해내고는 재빨리 지난번 이방인이 소풍 바구니에 근사한 간식을 가지고 왔었다고 래빗에게 말했다.

"이방인이 오늘은 다른 소풍 바구니를 가지고 올 게 분명해. 전

에도 그랬으니까 그는 또 바구니를 가져올 거고 아주 친절하게 함께 나눠 먹자고 할 거야." 푸가 말했다.

래빗은 그 질문에 대답할 필요가 없었다. 왜냐하면 때마침 이방인이 소풍 바구니를 들고 숲을 가로질러 다가왔기 때문이었다. 푸가 둘을 소개했다. 이방인과 래빗은 서로 소개를 받으면 하는 인사말을 건넸다. 서로 인사를 나누니 래빗이 함께 있는 게 당연해 보였다.

그리고 푸는 잊지 않고 이방인에게 아울과 나누었던 경영 이론에 관한 대화에 대해서도 말했다.

"아울이 당신에게 경영 이론에 대해서 아주 잘 설명한 것 같은데요. 또한 당신의 의견이 진짜 중요한 문제, 즉 차이점에 대해 다루고 있다고 생각해요. 푸, 당신은 꽤나 통찰력이 있는 걸요." 푸의 말이 끝나자 이방인이 말했다.

푸는 기분이 무척 좋았다. 이방인이 가지고 온 소풍 바구니 안에 또 다른 꿀단지가 있는지 궁금하지도 않을 정도였다.

"자, 그 차이점에 대해 생각해 보자면 우리는 모두 같은 사람이라도 다른 환경과 다른 상황에서 다르게 반응할 겁니다. 또 우리각자는 본성이 제각기 다르죠. 좋아하는 것과 좋아하지 않는 것이 다르고, 삶에 대한 관점과 그리고 거기서 얻고자 하는 것도 모두 다르죠." 이방인이 말했다.

"래빗은 꿀과 연유랑 빵을 먹는 걸 좋아하겠지만, 전 그냥 꿀만 있어도 좋거든요. 그냥 예를 들자면 그렇다고요." 푸가 이방인이 들고 온 소풍 바구니를 바라보며 말했다.

"좋은 예시네요. 만약 저의 일을 도와준다면 생선과 감자튀김을 제공하겠다고 한다면, 둘 다 별로 관심이 없었을 거예요. 아, 그러고 보니 때마침 내 소풍 바구니에 빵과 연유랑 꿀단지가 있는데, 혼자 먹기에는 양이 많아요. 점심시간에 함께 먹어주면 고마울 것 같은데요. 음식을 남겨서 상하면 아깝잖아요." 이방인이 말했다.

푸와 래빗 모두 음식이 쓰레기통으로 가는 건 막으려고 기꺼이 그렇게 하겠다고 했다.

"그래서 모든 사람에게 완벽하게 작동하는 한 종류의 경영조직을 만드는 건 어려운 일입니다. 피터 드러커가 그의 저서《매니지먼트Management : Tasks, Responsibilities, practices》에서 '우리에게는 아직 진정한 경영 이론과 통합된 경영 관리 규율도 없다'고 했던 것처럼요." 이방인이 아까 하던 말을 이어 나갔다.

"제가 볼 때도 만약 그렇다면, 리더가 해야 하는 일이 어려워질 것 같아요." 래빗이 귀를 기울여 듣다가 말했다.

"그렇죠. 그럼에도 불구하고 여전히 목표를 달성하는 건 리더의 책임입니다. 그래서 리더는 자신의 역량껏 최선을 다해야 해요. 리더는 자신이 처한 현실이 무엇인지 판단하고 그에 맞춰 일해야 합니다." 이방인이 말했다.

"이요르가 여기에 있었다면 그건 실망스럽고 슬픈 일이라고 말했을 거예요." 푸가 말했다.

"꼭 그렇지는 않을 겁니다. 우리는 프록터앤갬블, 3M, 마이크로소프트 등 그 외 다른 기업과 조직을 살펴볼 수 있어요. 그들은 현실을 정확히 바라보고, 그들과 직원들이 잘 수행할 수 있도록 운영 방식을 구조화하면서 수십 년간 성과를 내왔어요. 적용할 만한 적합한 경영 이론이 없음에도 불구하고 말이죠." 이방인이 말했다.

"하지만 그런 기업들이 아닌 곳에서 일하는 리더라면요? 그런 리더는 뭘 해야 할까요?" 래빗이 물었다.

"리더가 할 수 있는 가장 중요한 일은 리더의 여섯 가지 기본 원칙을 수행하기 위해 할 수 있는 최선을 다하는 것이에요. 그러면서 꾸준하고 세심한 주의를 기울이는 거라고 생각해요. 알다시피 이 영역에서 리더는 업무 방식과 업무 내용을 거의 완전히 통제할 수 있어요. 예를 들면 이래요. 어느 리더가 자신의 조직을 3M과 같은 시스템으로 전환하는 것은 현실적으로 불가능할 수도 있지만, 리더로서 자신의 성과를 향상시킬 수는 있어요. 게다가 우리는 비록 인간의 본성과 경영 이론에 대한 지식은 부족하지만, 리더의 여섯 가지 기본 원칙에 대해서는 꽤 알고 있잖아요."

이방인이 말했다.

"'어떻게'란 참 어렵네요." 푸가 말했다.

"글쎄요. 당신이 했던 모험 중 하나를 예를 들어 살펴봅시다. 첫 두 가지 기본 원칙 즉, 목표 설정과 조직화에 대해 우리가 찾을 수 있는 일종의 '방법'을 알아보자고요." 이방인이 말했다.

"좋아요. 전 항상 처음부터 시작하는 게 좋아요." 푸가 말했다.

"래빗도 여기에 있으니 둘이 함께 했던 모험 이야기를 해보는 게 어떨까요? 그중에서 목표 설정과 조직화 부분이 포함된 모험을 생각해 보면 좋을 것 같네요." 이방인이 말했다.

"캥거와 아기 루가 숲에 왔던 때를 생각해 보면 어떨까요?" 래빗이 이방인에게 물었다.

"아주 좋네요. 자, 그 모험이 어떻게 시작되죠?" 이방인이 조심스레 물었다.

아무도 캥거와 아기 루가 어디서 왔는지 모르는 듯했지만, 아무튼 그들은 숲에 있었어. 푸는 크리스토퍼 로빈에게 물었어. "저들이 여기에 어떻게 왔지?" 크리스토퍼 로빈이 대답했지. "일반적인 방법으로. 내가 하는 말이 무슨 뜻인지 알지, 푸?" 푸는 무슨 뜻인지 몰랐지만 "아!" 하고 말했어. 그리고 고개를 두 번 끄덕이며 말했지. "일반적인 방법으로,

아!" 그러곤 푸는 이 일에 대해 어떻게 생각했는지 알아보려고 친구인 피글렛을 찾아갔어. 푸는 피글렛의 집에서 래빗도 만났지. 그래서 그 셋은 모여 함께 이 일에 대해 이야기를 했어.

"이 일에 있어서 마음에 들지 않는 점은 이거야"라고 래빗이 말했어.

"여기에 우리가 있는데…… 푸 너, 피글렛 너, 그리고 나…… 그런데 갑자기……."

"그리고 이요르." 푸가 말했어.

"그리고 이요르, 그런데 갑자기……."

"그리고 아울." 푸가 말했어.

"그리고 아울 …… 그런데 느닷없이……."

"아, 그리고 이요르." 푸가 말했단다. "이요르를 깜박하고 있었네."

"여기에…… 우리가 우리…… 모두가 어느 날 아침에 눈을 떠 보니 갑자기 우리 눈앞에 뭐가 딱 보이는 거야? 우리 사이에 이상한 동물이 나타난 거야. 전에 우리가 한 번도 들어본 적 없는 동물 말이야! 자기 가족을 주머니 안에 넣어 데리고 다니는 동물이지! 내가 주머니에 우리 가족을 넣어 데리고 다닌다고 생각해 봐. 나한테 주머니가 몇 개가 있어야 하는 거야?" 래빗이 엄청 천천히 고심해서 말했어.

"열여섯 개." 피글렛이 말했어.

"열일곱 개 아냐? 거기에 손수건도 가지고 다니려면 열여덟 개야. 옷 한 벌에 주머니가 열여덟 개라니! 그걸 언제 다 달고 있난 말이야." 래빗이 말했어.

셋은 생각에 잠겨 아무 말이 없었단다. 한동안 정적이 흐르고 난 뒤, 몇 분간 얼굴을 잔뜩 찌푸리고 있던 푸가 말했어. "세어 보니 열다섯이네."

"뭐?" 래빗이 말했다.

"열다섯이라고."

"뭐가 열다섯이야?"

"네 가족 말이야."

"우리 가족이 뭐?"

푸는 코를 문지르면서 래빗이 자기 가족에 대해 이야기하고 있는 줄로 생각했다고 말했어.

"내가 그랬나?" 래빗이 무심코 말했어.

"응, 네가 말했는데."

"그건 신경 쓰지 마, 푸." 피글렛이 조바심이 나서 말했어.

"문제는 우리가 캥거를 어떻게 할 거냐는 거야."

"아, 그래." 푸가 말했어.

"가장 좋은 방법은 이걸 거야. 가장 좋은 방법은 아기 루를 훔쳐서 숨기는 거야. 그다음 캥거가 '아기 루가 어디에 있지?'라고 물으면 우리가 '아하!'라고 말하는 거야." 래빗이 말했어.

"아하! 아하! 아하!……." 푸가 되풀이하며 말하더니 이렇게 또 말했어. "근데 우리 아기 루를 훔치지 않아도 '아하!'라고 말할 수 있잖아."

"푸. 너는 참 머리가 나쁘구나." 래빗이 다정하게 말했어.

"나도 알아." 푸가 순순히 인정했지.

"'아하!'라고 말하는 건 말이야. 아기 루가 어디 있는지 우리가 안다는 것을 캥거에게 알려주려는 거야. '아하'가 무슨 뜻이냐면 '캥거 네가 이 숲을 떠나서 다시는 돌아오지 않겠다고 약속하면 아기 루가 어디 있는지 우리가 알려줄게'라는 의미야. 자, 이제 내가 생각 좀 하는 동안 얘기하지 말고 잠자코 있어줘." 래빗이 말했어.

"우리는 그때 그렇게 결정했어요. 지금이라면 저는 그때와 다른 결정을 했을 거라 생각해요. 왜냐하면 캥거는 정말 너무 다정하고 전혀 이상하지 않기 때문이거든요." 푸가 말했다.

"그건 우리가 캥거에 대해 알게 되었기 때문에 그런 거예요. 누군가가 처음에는 다소 이상하게 보일 수 있지만 서로를 알게 되는 시간을 갖게 되면, 대개는 그들이 그렇게 이상하지 않다는 걸 결국 알게 되지요. 하지만 우리는 지금이 아니라 그때 얘기를 하는 거잖아요. 그때 캥거는 이 숲에 없는 게 나을 것 같은 이상한 동물처럼 보였거든요." 래빗이 말했다.

이방인은 이 이야기에서 몇 가지 내용들을 잊어버렸기 때문에 모든 이야기를 더 세심하게 듣고 있었다.

"제가 제대로 이해한 게 맞다면 당신들이 세운 목표는 캥거가 숲을 떠나 다시는 돌아오지 않도록 하는 거였어요." 이방인이 말했다.

"맞아요." 래빗이 말했다.

"마아……자요." 푸가 확신이 서지 않은 어조로 말했다. "근데 우리는 또 아기 루를 훔쳐서 숨긴 다음에 캥거가 숲을 떠나지 않으면 아기 루를 돌려주지 않기로 결정했어요. 그건 목표가 아닐까요?"

"글쎄요. 어디 볼까요? 리더가 자신의 책임 영역에서 목표를 설정할 때, 그 목표는 일정한 규칙을 따라야 해요. 이런 규칙은 타당하고 적합한 목표를 설정하는 '방법'을 우리에게 알려주지요. 이러한 규칙을 검토하면, 목표가 실제로 무엇이었는지 그리고 그 목표 설정을 잘 했는지 아마 판단할 수 있을 거예요." 이방인이 말했다.

"난 방법인 '어떻게'에 대해 배우는 거 좋아요. '어떻게'가 어렵거든요." 푸가 말했다.

"목표 설정을 위한 첫 번째 규칙은 목표들이 그 조직의 기본 목적이나 사명에 따라 도출되어 그에 합당해야 합니다. 다시 말해서 그 조직이 무엇을 하기 위해 설립되었고, 그 조직의 실제 비즈니스가 무엇인지 알아야 해요. 그런 다음 특정 상황에 맞게 목표를 설계해 그 목적을 달성하는 데 기여할 수 있도록 할 수 있어요. 그 조직의 목적이나 사명이 무엇인지 명확히 이해하지 못하면 리더는 자신의 목표를 어떻게 세울지 결정할 방법이 없어요." 이방인이 말했다.

"조직의 목적이 무엇인지 누가 결정하는데요?" 래빗이 물었다.

"그게 바로 최고경영자의 주요 책임 중 하나랍니다. 안타깝게도 그 책임은 자주 무시되기도 하죠. 종종 사람들은 그 답이 뻔하다고 생각해요. 대개는 그렇지 않은데 말이죠. 그리고 목적을 결정하는 데는 많은 노력과 생각이 필요해요. 최고경영자가 목적이 무엇인지 설정하지 않았다면, 그 조직은 거의 항상 문제가 생길 거예요. 아주 좋은 사례가 있어요. 미국의 철도 회사를 예를 들어 볼게요.

철도 회사와 관련된 사람들이 그들의 비즈니스가 '철도 운송'이라고 알고 있었어요. 실제로 그들의 비즈니스 목적은 한 장소에서 다른 장소로 물건을 이동시키거나 운송하는 거였죠. 하지만 그들은 트럭 회사와 항공사가 그 운송 사업을 빼앗아 가는 동안에도 철도 운송에만 집중했어요. 철도 사업의 목적이나 사명이 무엇인지 정립하지 않았기 때문에 철도 회사들은 좋은 기회를 놓쳐버렸고 힘든 시간을 맞이하게 됐죠. 그들은 철도라는 수단과 목적, 즉 지속 가능하고 적절한 운송을 혼동했던 거예요." 이방인이 말했다.

"무슨 말인지 알 것 같아요. 아마 아기 루를 훔치는 건 목표가 아니고 수단이었던 같아요." 푸가 말했다.

"그건 우리가 다른 규칙들을 알아볼 때까지 아직 속단하기엔 이른 것 같네요. 계속 알아볼까요? 두 번째 규칙은 목표나 목적을 달성할 수 없다는 사실에서 비롯된 거예요. 목표는 목적 달성을 위해 수행될 구체적인 작업과 과제로 세분화될 수 있어야 해요. 그다음으로 모든 일을 하는 데 필요한 모든 자원을 가진 사람이나 조직은 없어요. 그래서 이용 가능한 자원을 최대한 활용할 수 있도록 정말 중요한 일에 집중하는 것이 목표가 되어야 합니다. 그다음 항상 여러 가지 목표를 가져야 해요. 왜냐하면 모든 일에서 다양한 요구의 균형을 맞추려면 하나 이상의 목표가 필요하기 때문이에요. 목표는 타당해야 해요. 이걸 판단할 수 있는 질문이 있죠. '그것은 합리적인가?' 그리고 '우리가 할 수 있는 일인가?' 만약 그 답이 '아니오'라면, 목표를 수정하는 게 나아요. 실패가 예견되는 데도 무언가를 성취하기 위해 열심히 노력하는 사람은 거의 없잖아요. 끝으로, 목표는 콘크리트마냥 확정적이어서는 안 됩니다. 목표는 미래에 대한 예측을 기반으로 하고 있기 때문이에요. 물론 정보에 입각한 예측이겠지만, 여전히 하나의 추측에 불과합니다. 미래는 놀라운 일들로 가득하고 우리가 통제할 수 없는 상황이 많이 일어나죠. 그래서 목표는 이 사실을 인식하고 그에 대해 여지를 두어야 해요." 이방인이 말했다.

"우리가 목표를 설정하기 전에 조직의 목적에 더 많은 주의를 기울였어야 했다는 점을 제외하면, 규칙에 따라 목표를 설정한 것은 나쁘지 않았던 것 않아요. 그다음 예상대로 일이 진행되지 않을 때를 대비해 더 많은 여유를 가졌어야 했지요." 래빗이 천천히 말했다.

"그 이유가 뭘까요?" 이방인이 물었다.

"전 알겠어요. 우리가 더 많은 시간을 할애해서 목적에 대해 얘기를 했더라면, 캥거와 아기 루가 숲에 오는 게 아마 위협이 될 걸로 우리가 느꼈다는 걸 알 수 있었을지도 몰라요. 그다음 우리 조직의 목적은 그것이 정말로 위협인지, 그리고 그렇다면 무엇을 해야 하는지 알아보는 거였을 거예요." 푸가 말했다.

"우리는 캥거가 위협이라고 성급히 결론을 내려버렸어요. 그래서 우리가 목표를 선택하는 데 한계가 있었던 거죠." 래빗이 말했다.

"그것이 조직의 진정한 목적이나 사명이 무엇인지 모를 때 생기는 문제입니다." 이방인이 말했다.

"맞아요. 우리는 크리스토퍼 로빈에게 물어봐서 캥거가 위협적인 존재인지를 알아내는 목표를 세웠을 수도 있었어요." 푸가 말했다.

"아니면……. 피글렛을 보내서 캥거에게 인사를 나눠 보라고 하고, 푸와 제가 캥거가 피글렛을 잡아먹는지 지켜보거나……." 래빗이 이어 말했다.

"그건 피글렛이 좋아하지 않았을 거야. 하지만 다른 계획은 우리가 했던 것보다 더 쉬웠을 텐데." 푸가 말을 끝마쳤다.

"그다음에 어떻게 됐나요?" 이방인이 물었다.

"피글렛이 이의를 제기했어요." 푸가 그때 일을 떠올리면서 말했다.

"한 가지 걸리는 게 있어. 내가 크리스토퍼 로빈이랑 얘기를 했었는데, 캥거는 일반적으로 사나운 동물 중 하나로 여겨진다고 하더라고. 나는 보통 사나운 동물을 무서워하지는 않는데, 사나운 동물이 어린 새끼를 빼앗기면 두 배로 사나워진다고 하잖아. 그런 경우에 '아하!'라고 말하는 건 어쩐지 바보 같은 짓일 것 같아서." 피글렛이 다소 안절부절 못하며 말했어.

"피글렛, 너 용기라곤 전혀 없구나." 래빗이 연필을 꺼내 끝에 침을 바르면서 말했어.

"아주 작은 동물이 용기를 내는 건 어려운 일이야." 피글렛이 살짝 코를 훌쩍이며 말했어.

래빗은 뭔가 바삐 쓰다가 고개를 들고 말했어. "네가 아주 작은 동물이라서 우리가 할 모험에 도움이 될 거야."

피글렛은 도움이 된다는 생각에 너무 들뜬 나머지 무섭다는 것도 까

많게 잊어버렸단다. 그리고 캥거는 겨울에만 사납지, 다른 때는 온순한 기질이라고 래빗이 말하자 당장이라도 도움이 되고 싶어서 거의 가만히 앉아 있지를 못했지.

"나는? 나는 도움이 되지 못할까?" 푸가 섭섭한 듯 물었어.

그러자 피글렛이 위로했어. "걱정 마, 푸, 아마 다음에 기회가 또 있을 거야."

"푸가 없으면 이 모험은 불가능해." 래빗이 연필을 뾰족하게 깎으며 진지하게 말했지.

"오!" 피글렛이 실망한 듯 보이지 않으려 애쓰며 말했어. 푸는 방 한 구석으로 가서 자랑스럽게 혼잣말을 했지. "나 없이는 불가능해! 그런 곰이야 난."

"자, 너희 모두 잘 들어 봐." 래빗이 글을 다 쓰고 나서 말하자, 푸와 피글렛은 입을 헤 벌리고 앉아 아주 열심히 들었어. 래빗이 읽은 건 이런 내용이었단다.

아기 루 잡기 계획

1. 주의 사항 : 캥거는 우리보다, 심지어 나보다 더 빨리 달린다.

2. 더 주의할 사항 : 캥거는 아기 루에게서 절대 눈을 떼지 않는다. 단, 아기 루를 주머니에 안전하게 넣고 잠갔을 때는 제외임.

3. 그러므로 우리가 아기 루를 잡아 오려면, 캥거가 달리기 전에 이미 멀찌감치 달아나 있어야 한다. 왜냐하면 캥거가 나를 포함해 우리 중에서 가장 빨리 달리기 때문임. (1번 참조)

4. 고려 사항 : 만약 루가 캥거의 주머니에서 뛰쳐나오고, 대신 피글렛이 그 안으로 쑥 들어간다면, 캥거는 눈치 채지 못할 것이다. 피글렛이 아주 작은 동물이기 때문임.

5. 아기 루처럼.

6. 하지만 피글렛이 주머니 속으로 뛰어드는 걸 보지 못하게 하려면 우선 캥거가 딴 데를 쳐다보고 있어야 할 것이다.

7. 2번 참조.

8. 또 다른 고려 사항 : 하지만 푸가 아주 흥미진진하게 얘기를 한다면, 캥거가 잠시 딴 데를 쳐다볼 수도 있을 것이다.

9. 그러면 내가 루를 데리고 도망갈 수 있을 것이다.

10. 잽싸게.

11. 그리고 캥거는 나중에서야 루가 아니란 걸 알게 될 것이다.

"그다음 어떻게 했어요?" 이방인이 래빗에게 물었다.

"그 내용을 다 읽어주고 그들이 물어보는 질문에 모두 답을 해 줬어요. 그런 다음에 아주 주의 깊게 내용을 검토해 그들 각자가 해야 할 일을 제대로 알고 있는지 확인했지요. 또 그들이 제시한 제안과 아이디어를 계획에 추가해 넣었어요." 래빗이 말했다.

"저는 캥거의 눈을 돌리기 위해서 시를 조금 읊어주겠다고 제안했어요. 아시겠지만 그게 그 목표에서 제가 맡은 역할이었잖아요." 푸가 자랑스럽게 말했다.

"당신은 체계적으로 조직화하는 일을 아주 잘 수행한 것 같아요." 이방인이 래빗에게 말했다.

"제가요? 아, 맞다. 제가 그랬죠." 래빗이 놀란 듯 말했다.

"리더는 조직화할 때, 목표 달성에 필요한 활동과 결정을 분석하거든요. 단계별 목표를 수립하고 그것을 문서로 작성해서 그 노력과 관련된 모든 사람이 참고할 수 있도록 하지요. 목표에는 각 단계를 언제 완료해야 하는지, 누가 책임지고 수행할 것인지가 명시되어 있어야 해요. 그런 다음 업무를 분류하고 경영관리가 가능한 직무로 나누죠. 그리고 각 직무의 요구 사항에 따라 그에 해당하는 적합한 경험, 재능, 능력을 갖춘 개인을 선발해 업무를 배정합니다. 그런 다음에 리더는 그들과 목표를 검토하고, 반대 의견이 있으면 답변을 해주고 그들이 적절한 제안을 하면 목표에 포함시키죠. 그러고는 개인별로 그 목표를 이해하고 각자해야 할 일이 무엇인지 알고 있는지 확인하는 겁니다. 그러니까 당신도 알겠지만 당신은 그 일들을 모두 해낸 거예요." 이방인이 말했다.

"그렇군요. 우리가 처음에 잘못된 목적으로 시작했을 수도 있다는 것을 고려하면, 괜찮은 목표였네요." 래빗이 말했다.

"그리고 너는 체계적으로 잘 조직화했잖아, 래빗." 푸가 말을 거들었다.

"고마워, 푸. 네가 없었다면 할 수 없었을 거야." 래빗이 대꾸했다.

"그건 그렇지." 푸가 조심스레 말했다.

"이런, 어느새 점심시간이네요. 함께 점심을 먹으면서 그 일이 어떻게 됐는지 저한테 얘기 좀 더 해줄래요?" 이방인은 해가 거의 머리 바로 위에 떠 있는 걸 보고는 말했다.

그들은 그늘진 곳에 천을 펼치고 이방인의 소풍 바구니를 열어 먹기 편하게 음식을 모두 꺼내 놓았다. 그러자 래빗이 이야기를 다시 시작했다.

"우리 모두 캥거와 루를 찾아 나섰어요.

캥거와 루는 숲속 모래밭에서 호젓하게 오후 시간을 보내고 있었어. 아기 루는 모래 위에서 폴짝폴짝 뛰는 연습을 하면서 쥐구멍 속에 빠졌다가 기어 나오고 있었고, 캥거는 안절부절못하며 말했지. "아가, 딱 한 번만 더 뛰고 나서 집으로 가자." 그때 푸가 쿵쿵 걸으며 언덕 위로 올라왔어.

"안녕, 캥거."

"안녕, 푸."

"내가 뛰는 것 좀 봐." 루가 찍찍거리며 말했어. 그러더니 또 다른 쥐 구멍 속에 빠졌지.

"안녕, 루. 꼬마 친구!"

"우리는 막 집에 가려던 참이었어. 안녕, 래빗. 안녕 피글렛." 캥거가 말했어.

마침 언덕 다른 편에서 막 올라온 래빗과 피글렛도 인사했어. "좋은 오후야. 안녕, 루." 그러자 루는 또 자기가 뛰는 걸 보라고 말했어. 그래서 그 둘은 그 자리에 서서 쳐다보았지.

캥거도 역시 쳐다보고 말이야.

"아, 캥거. 너 혹시 조금이라도 시에 관심 있어?," 래빗이 푸에게 윙크를 두 번 하자 푸가 말을 걸었어.

"전혀 없는데." 캥거가 대답했어.

"아!" 푸가 말했어.

"루 아가. 딱 한 번만 더 뛰고 집으로 가야해."

루가 또 다른 쥐구멍에 빠지는 사이 잠깐의 정적이 흘렀지.

"계속 해." 래빗이 앞발을 입에 대고 큰 소리로 속삭였어. "시 이야기가 나왔으니까 하는 말인데, 내가 오는 길에 시를 짧게 지어 봤거든. 이런 시야. 어…… 자, 그러니까……." 푸가 말했어.

"멋지네. 루 아가야……." 캥거가 말했어.

"이 시를 들으면 너도 좋아하게 될 거야." 래빗이 말했어.

"푹 빠지게 될걸." 피글렛도 거들었어.

"아주 주의 깊게 들어야 해." 래빗이 말했어.

"한마디도 놓치지 않게 말이야." 피글렛이 이어 말했어.

"아, 그래 알았어." 캥거는 말하면서도 여전히 아기 루에게서 눈을 떼지 않았어.

"어떻게 시작하지, 푸?" 래빗이 말했어.

푸는 가볍게 헛기침을 하고 나서 시를 읊기 시작했어.

머리가 안 좋은 곰이 쓴 시

월요일에 햇볕이 내리쬐면

나는 혼자 많이 궁금해 해.

이제 그게 사실인지 아닌지,

어느 것이 무엇이고 무엇이 어느 것인지.

화요일에 우박과 눈이 내리면,

내 감정은 점점 더 자라지.

어느 누구도 잘 알지 못한다고

그것들이 이것들인지 아니면 이것들이 저것들인지.

수요일에 하늘이 푸르면,

그리고 아무 할 일도 없으면,

나는 가끔 그게 사실인지 궁금해.

누가 무엇이고 무엇이 누구인지.

목요일에 얼음이 얼고

나무 위 서리가 반짝거리면,

너무나 쉽게 알 수 있지.

이것들이 누구의 것인지…… 하지만 누구의 것은 이것들인지?

금요일에……

"그래, 그렇구나, 그렇지?" 캥거는 금요일에 무슨 일이 있었는지 들으려고 하지도 않고 말했어. "딱 한 번 만 더 뛰어. 루 아가야. 그리고 우리 진짜로 가야 해."

래빗은 서두르라는 듯이 푸를 쿡 찔렀어.

"시 이야기가 나와서 말인데 저기 바로 저쪽에 나무가 있다는 거 너 알고 있었어?" 푸가 재빨리 말했어.

"어디? 자, 루……." 캥거가 말했어.

"그거 참 아주 잘했네요. 리더는 계획대로 잘 되고 있지 않다는 걸 알게 되면, 가능한 한 빨리 그 계획을 바꿔야 해요." 이방인이 말했다.

"고마워요. 어서 이야기를 계속해, 래빗. 나머지 이야기도 들려

쥐." 푸가 말했다.

"바로 저기." 푸가 캥거의 등 뒤를 가리키며 말했지.

"아니야. 루 아가야, 이제 들어오렴, 우리 집에 갈 거란다." 캥거가 말했어.

"네가 저기 있는 나무를 쳐다봐야 하는데. 루야, 내가 들어서 넣어줄까?" 그렇게 말하고선 래빗은 앞발로 루를 들어 올렸지.

"여기서 난 저 나무에 앉아 있는 새가 보여." 푸가 말했어. "아니, 물고기인가?"

"여기서 넌 저 새를 봐야 해. 물고기가 아니라면 말이야." 래빗이 말했어.

"물고기는 아냐. 새지." 피글렛이 대꾸했어.

"그러네." 래빗이 말했어.

"찌르레기야 아니면 검은지빠귀야?" 푸가 물었어.

"그거 완전 문젠데. 저 새는 검은지빠귀야 찌르레기야?" 래빗이 말했어.

그러자 마침내 캥거가 고개를 돌려 쳐다봤어. 그녀가 고개를 뒤로 돌리자, 래빗이 큰 목소리로 '자, 안으로 들어가자, 루야!' 하고 말했고, 피글렛은 캥거의 주머니 안으로 쏙 뛰어 들어갔어. 래빗은 앞발로 루를 잡은 채 있는 힘껏 냅다 달아났지.

"어째 래빗이 안 보이네? 루 아가야, 괜찮니?" 캥거가 고개를 제자리로 돌리며 말했어.

피글렛이 캥거의 주머니 깊은 곳에서 루인양 찍찍 소리를 냈어.

"래빗은 먼저 가봐야 한다더라고. 갑자기 가야 할 일이 생각난 것 같아."

"그럼 피글렛은?"

"피글렛도 똑같이 뭔가 생각난 것 같아. 갑자기 말이야."

"그러면 일이 그 목표대로 척척 진행되었겠네요." 이방인이 말했다.

"그…… 글쎄. 꼭 그렇지는 않았어요." 푸가 뜸을 들이며 말했다.

물론 캥거는 주머니를 열자마자 무슨 일어났는지 알았어. 아주 잠깐 캥거는 겁먹은 줄 알았지만, 곧 그렇지 않다는 걸 알았지. 왜냐하면 크리스토퍼 로빈이 루에게 조금이라도 해로운 일이 일어나도록 내버려 두지는 않을 거라고 꽤 확신했거든. 그래서 캥거는 혼자 말했어. "만약 그들이 나한테 장난을 치고 있는 거라면, 나도 장단을 맞춰야겠군."

"루 아가야, 자, 이제 잘 시간이야." 그녀는 주머니에서 피글렛을 꺼내면서 말했어.

"아하!" 피글렛은 무시무시한 여정을 마친 후였지만 최대한 잘 말해 보았어. 하지만 "아하!"를 잘 못했는지 캥거는 그게 무슨 뜻인지 이해하지 못하는 것 같았어.

"목욕 먼저 해야지." 캥거는 신이 난 목소리로 말했어.

"아하!" 피글렛은 다시 한 번 말하면서 불안한 눈빛으로 주변을 빙 둘러보았지. 다른 친구들이 있는지 보려고 말이야. 하지만 친구들은 거기에 없었어. 래빗은 자기 집에서 아기 루와 놀면서 순간순간 루를 더 좋아하게 되었고, 캥거처럼 되기로 결심한 푸는 숲 언덕 위 모래밭에 남아 뛰는 연습을 하고 있었거든.

"오늘 저녁은 찬물로 목욕해도 좋을 것 같은데. 어때, 루 아가야?" 캥거가 자상한 목소리로 말했어.

단 한 번도 목욕을 좋아해 본 적이 없는 피글렛은 화가 나서 한참을 몸서리치며 부르르 떨다가 최대한 용감한 목소리로 말했지.

"캥거, 내가 솔딕하게 마랄 때가 된 것 가타."

"요런 장난꾸러기." 캥거가 목욕물을 준비하면서 말했어.

"난 루가 아니야." 피글렛이 큰 소리로 외쳤어. "난 피글렛이야!"

"그래그래, 아가야, 알았단다." 캥거가 달래듯 말했어. "피글렛 목소리도 흉내낼 줄 알고. 참 똑똑도 하지." 캥거는 벽장에서 커다란 노란색 비누를 꺼내 들면서 계속 말했어.

"다음엔 뭘 또 하려나?"

"너 안 보여?" 피글렛이 소리쳤어. "눈 없어? 나 좀 보라고!"

"보고 있단다. 루 아가야." 캥거는 다소 엄하게 말했어. "그리고 어제 엄마가 인상 쓰면 어떻게 된다고 했지? 피글렛처럼 계속 인상 쓰면 나중에 커서 피글렛 얼굴처럼 된단다. 그러면 얼마나 후회할지 생각해 보렴. 자, 이제 물에 들어가렴. 그리고 엄마가 이 얘기를 다시 하지 않게 해 주면 좋겠구나."

피글렛은 언제 들어왔는지도 모르게 목욕통 안에 들어가 있었고, 캥거는 비누거품이 인 커다란 때수건으로 그를 박박 문지르며 닦고 있었어.

"캥거는 또 루의 비타민을 먹이면서 익숙해지면 정말 맛있다고 말했지만 피글렛은 조금도 좋아하지 않았어요." 푸는 잠시 생각했다. 그리고 다시 이어 말했다. "그게 정말 진짜인지 잘 모르겠어요. 적어도 전 꿀보다 그걸 더 좋아할 일은 절대 없을 거라 확신해요. 그래도 그 비타민이 몸을 튼튼하게 만들어주는 것 같아요. 캥거가 얼마나 멀리 뛸 수 있는지 보면 말이죠."

"그러곤 크리스토퍼 로빈이 캥거 집에 들러서 루가 우리 집에서 놀고 있다고 말해줬어요. 사실 저는 루를 꽤 좋아하게 되었고, 지금은 정말 사이좋은 친구가 되었어요. 그리고 크리스토퍼 로빈이 문을 열어 둔 채로 있었기 때문에 피글렛은 간신히 빠져나와서 땅바닥을 데굴데굴 굴렀어요. 자신의 원래 살색을 다시 찾으려고요." 래빗이 말했다.

"꽤 흥미진진한 모험이었네요. 저한테 어떻게 되었는지 말해줘서 고마워요." 이방인이 말했다.

그런 다음 이방인은 숲 너머에서 약속이 있다는 걸 기억하고는 재빨리 소풍 바구니를 챙겨서 푸에게 내일 보자고 인사한 뒤 자리를 떴다.

"래빗, 오늘 화요일인 것 같은데." 푸가 말했다.

"맞아. 화요일에는 루와 함께 놀기로 했는데." 래빗이 대답했다.

"나는 매주 뛰기 수업을 받기로 해서 캥거를 만나러 가야 하는

데." 푸가 말했다.

둘은 서둘러 다른 방향으로 갔다.

푸는 숲속 모래밭으로 향했다. 그곳은 넘어져도 다칠 걱정이 없어서 뛰기 연습을 하기에 최적의 장소였다. 그곳으로 가는 도중에 푸는 이방인에게 '리더 노래'를 불러주는 걸 깜박 잊었다는 것이 기억났다.

"이런, 괜찮아. 그럴 수도 있지. 내일이나 아니면 모레쯤 꼭 기억해 뒀다가 그 노래를 불러줘야겠다." 푸가 말했다.

4장

푸가
이방인을
찾기 위해
친구들에게
임무를
전달하다

피글렛, 푸, 티거는
의사소통의 중요성과 그 규칙을 배운다.
그리고 푸는 잘 깜빡하는 곰이다.

●
●
●

"오늘은 수요일이어야 하는데." 푸가 말했다.

"어째서?" 피글렛이 물었다.

"당연히 그래야지. 어제는 화요일이었고, 내일은 목요일이니까 오늘은 틀림없이 수요일이지."

피글렛은 잠시 동안 생각에 잠겼다. "왜 그게 수요일이어야 하는데."

"왜냐하면 피글렛. 수요일은 항상 화요일 다음에 오고 목요일 전에 오거든. 그래서 수요일은 화요일과 목요일 딱 중간이야." 푸가 침착하게 설명했다.

"항상은 아니야." 피글렛이 말했다.

"항상 그래." 푸가 아주 단호하게 말했다.

"작년에 화요일 다음 날은 크리스마스였고, 그다음 날은 목요일이었던 것으로 기억해. 작년 크리스마스는 유난히 좋았었기 때문에 기억이 난다고. 그 전날인 화요일에 눈이 엄청 내렸었거든. 그래서 내가 화요일이라고 기억하는 거야. 그날 내가 무척 정성 들여 크리스마스트리를 장식했단 말이야. 크리스마스 날 아침에 일어나서 나무 밑에서 큼지막한 도토리 선물과 크리스토퍼 로빈이 나한테 줬던 커다란 빨간색 풍선을 발견했었어." 피글렛이 훨씬 더 단호하게 말했다.

"그리고 꿀단지도 있었잖아. 내가 너한테 줬던 거." 푸가 말했다.

"크리스마스 인사하러 와서는 네가 다 먹어버렸던 거." 피글렛이 말했다.

"그래 알아. 크리스마스 아침에 꿀단지처럼 좋은 선물도 없지. 그날이 아니더라도 꿀은 언제나 좋아." 푸가 꿈꾸듯 말했다.

"그렇지만 그건 나한테 주는 선물이었는데, 네가 다 먹어버렸잖아." 피글렛이 말했다.

"마음이 중요하지." 푸가 대꾸했다.

"아, 그건 그래. 난 그 일 잊어버렸어. 하지만 어쨌든 그게 그걸 증명하잖아."

"뭘 증명해?" 푸가 여전히 꿀에 대해 생각하면서 물었다.

"수요일이 언제나 화요일 다음에 오지 않는다는 것을 증명하는 거지. 때때로 크리스마스가 화요일 다음에 오기도 한다고."

"아, 그건 생각을 못했네." 푸가 말했다.

"그럼 오늘이 크리스마스일 수도 있을까?" 피글렛이 갑자기 걱정이 되어 말했다. 만약 그렇다면 아무런 준비를 하지 못했기 때문이었다.

"그……건 아닐……거야." 푸가 천천히 말했다. "내가 경험한 바로는 크리스마스에는 보통 땅에 눈이 있는데 오늘은 그렇지 않거든." 푸는 혹시 어디엔가 자신이 보지 못한 눈이 조금이라도 있는지 확인하려고 주위를 찬찬히 살펴보았다.

만약 눈이 조금이라도 흩어져 있는 게 보였다면, 아마 크리스마스에 몰래 살짝 찾아온 눈일 수도 있을 것이다. 그러면 자신을 기다리고 있는 커다란 꿀단지 선물이 있는지 보러 집으로 뛰어가야 한다.

"조금도 없네." 피글렛은 비록 도토리를 생각하고 있었지만, 역시 주변을 둘러보면서 말했다. "없네. 그럼 크리스마스가 아니라면 수요일인 게 확실해." 푸가 말했다.

"그렇긴 한데, 잘 모르겠어. 봐봐, 푸. 저기 티거가 오고 있어. 오늘이 크리스마스인지 수요일인지 티거한테 물어보는 게 어때?" 피글렛은 눈이 있는지 보려고 근처 덤불 밑을 봤지만 거기도 눈은 없어서 주위를 쭉 둘러보며 말했다.

티거는 티거들이 사냥하는 것을 사냥하는 척하며 통통 뛰어다니고 있었다. 그는 티거들이 사냥하는 '것'이 무엇인지 잘 몰랐

기 때문에 자신이 발견하는 건 뭐든 닥치는 대로 사냥하는 연습
을 하고 있었다. 가능성이 있어 보이는 뭔가가 보일 때까지 통통
뛰어가다 땅에 바짝 엎드려 그것이 무엇이든 눈치 채지 못하도록
엄청 조심스럽게 살금살금 더 가까이 다가갔다.

피글렛과 푸가 티거에게 다가갔을 때, 그는 매우 큰 가시금작화 덤불에 몰래 접근하고 있었다. 그들이 "안녕, 티거"라고 인사를 건네자, 티거는 아주 나지막한 소리로 말했다. "쉿! 내가 사나운 뭔가를 사냥하고 있거든. 조금 있다가 너희한테 갈게."

피글렛과 푸가 지켜보는 가운데 티거는 꼬리를 앞뒤로 빠르게 흔들면서 땅바닥에 바짝 붙어서 천천히 앞으로 나아갔다. 그러곤 크게 '워라워라워라워라워라' 소리를 내며 가시금작화 덤불 한가운데로 뛰어들더니 그 속에서 마구 때리고 뒹굴었다. 처절한 몸싸움 끝에 티거는 온몸에 가시가 덕지덕지 박힌 채 가까스로 몸을 빼냈다.

"내가 이겼어?" 티거가 쾌활하게 물었다.

"그건 그냥 가시금작화야. 해롭지 않아." 푸가 말했다.

"해롭지 않은데, 왜 내가 보고 있지 않을 때 나를 물었을까?" 티거가 물었다.

"아닌 것 같은데." 푸가 말했다.

"맞아, 그랬어. 내가 너무 빨랐기에 망정이지 안 그랬으면 더 심하게 물었을 거야. 봐봐, 사방팔방 물렸잖아." 티거가 말했다.

"그건 그냥 가시야. 가시 때문에 가시금작화 덤불에 들어가면 항상 따끔거려." 푸가 말했다.

"아마 티거들은 가시금작화 덤불을 사냥하지 않을 거야." 티거는 가시금작화 덤불은 티거들이 사냥하는 종류의 것이 아니라는 걸 기억하려고 유심히 바라보았다.

"그래, 아닐 것 같아." 푸가 피글렛과 함께 티거가 가시를 제거하는 것을 돕기 시작하면서 말했다. "가시는 심지어 먹기도 좋지 않아. 내가 아는 한 그것들을 먹고 싶어 할 수도 있는 친구는 이요르뿐이야. 이요르는 엉겅퀴처럼 가시가 있는 것을 좋아하거든."

둘이 티거의 몸에서 가시를 대부분 제거하자 티거는 다시 통통 뛰고 싶은 기분이 들었다. 피글렛은 아주 작은 동물이라서 티거가 통통 뛰다 덮치면 심각한 부상을 당할 수 있기 때문에 푸 뒤에서 물었다. "티거, 오늘이 수요일이야?"

"아니면 크리스마스야?" 푸가 그럴 가능성이 적기를 바라며 물었다.

티거는 처음엔 앉았다가 푸와 피글렛이 놓친 가시를 제거하려고 재빨리 다시 일어났다. 그리고 다시 앉으면서 이 질문에 대해 곰곰이 생각했다.

마침내 그가 입을 열었다. "크리스마스일 리가 없는 것 같아. 만약 그랬다면 매년 그랬듯이 우리 모두 크리스토퍼 로빈이 선물을 열어 보는 걸 도와주러 로빈의 집에 갔을 테니까. 그러니까 수요일이 맞아. 근데 그게 왜 알고 싶은 거야?" 티거가 물었다.

"이방인이 내일 보자고 말하고 갔거든." 이때쯤 숲에 있는 모든 친구가 이방인을 알고 있었기 때문에 푸는 그에 대해 따로 설명할 필요가 없었다.

"그렇구나. 근데 내일이 아니야. 오늘이야. 하루 일찍 왔어, 푸." 티거가 말했다.

"그렇지 않아. 어제 이방인이 그렇게 말했고, 어제의 내일은 오늘이지, 내일이 아니니까. 내일의 어제가 오늘인 것처럼 말이야." 푸가 말했다.

푸는 잠시 멈추고 자신이 제대로 이해했는지 확인했다. "오늘이 크리스마스가 아니면 수요일이야. 어제는 내가 캥거에게 뛰기 수업을 받았는데, 항상 화요일에 그 수업을 받거든."

"만약 이방인이 여기에 있어야 하는데 없다면, 그는 분명히 다른 어딘가에 있는 거야." 티거가 주변을 둘러보았다. 푸와 피글렛은 그 말을 생각해 보니 티거의 말이 맞는 것 같다고 동의했다.

"이방인이 길을 잃었나 봐!" 피글렛이 꽥 소리를 질렀다.

"만약 그렇다면 그를 찾는 것이 우리의 목표가 되어야 해. 우린 셋이니까 각자 다른 방향으로 가서 찾는 거야. 그래야 그를 더 잘 찾을 수 있을 테니까." 푸가 목표를 세우고 체계적으로 조직화하는 것에 대해 기억을 더듬으며 말했다.

"만약 그가 길을 잃은 거라면, 그러니까 그 말은 내일이 내일이라고 생각하면 안 되겠네." 피글렛은 푸 주위로 요리조리 움직이면서 티거를 피하려고 애쓰며 말했다.

푸는 어떻게 이방인을 찾을지 그 방법을 조직화하느라 너무 바빠서 들을 수가 없었다. "피글렛, 네가 다리가 가장 짧으니까 래빗이나 이요르의 집 주변 같은 가장 가까운 곳을 찾아보는 거야. 나는 그다음으로 가까운 백 에이커 숲으로 가서 주변을 찾아볼게. 티거 너는 꿀벌나무 근처 숲 반대쪽을 살펴봐."

그러고는 푸는 각자 가야할 곳들을 정확히 알고 있는지 확인하기 위해서 그들과 함께 임무를 다시 검토했다.

"이방인을 찾아본 후에 점심시간 직전에 여기서 다시 만나자." 그건 이방인이 소풍 바구니를 가지고 올 경우를 대비해 그런 것이다.

푸, 피글렛, 티거 모두 각자 정해진 방향으로 이방인을 찾아 출발했다.

푸가 제일 먼저 돌아왔다. 피글렛이 아주 좋은 도토리가 있는 곳을 발견하는 바람에 이방인을 찾는 일을 뒷전으로 미룬 탓이었다. 푸는 마지막 도토리를 오도독오도독 씹으며 걸어오는 피글렛을 보았다.

그때 푸는 이방인이 아주 무거운 소풍 바구니를 들고 오느라 어쩌면 피글렛 뒤에서 따라오고 있을지도 모른다고 생각하며 소리쳐 물었다. "이방인 찾았어?"

"아니, 내가 정말 좋은 도토리가 있는 곳을 찾았거든. 그러니까 완전히 허탕 친 건 아니야. 너는?" 피글렛이 대답했다.

"난 한 톨도 못 찾았어. 내가 도토리를 찾았다면 너를 위해 가져왔을 거야." 푸가 말했다.

"아니 내 말은 이방인을 찾았냐고." 피글렛은 이방인이 자신을 놀래키려고 갑자기 확 튀어나와 "놀랬죠!"라고 말하려고 나무 뒤에 숨어있는 건 아닌지 확인하려고 주변을 둘러보았다. 피글렛은 너무 작은 동물이라서 느닷없이 튀어나오는 사람들을 정말이지 좋아하지 않았다.

"아니. 티거가 그를 찾았기를 바라자." 푸가 말했다. 둘은 자리를 잡고 앉아 티거를 기다렸다. 푸는 거의 머리 위에 떠 있는 해를 계속 슬쩍슬쩍 쳐다보았다. 그의 배꼽시계가 거의 점심시간이라고 알려줄 터라 꼭 그럴 필요는 없었지만 말이다.

시간이 한참 지난 듯한 후에 실제로 그렇지는 않았지만, 티거가 나무 사이로 통통 뛰며 다가왔다.

"이방인 찾았어?" 푸와 피글렛이 함께 외쳤다.

"물론이지. 티거들은 찾겠다고 나서면 항상 이방인들을 찾는다고." 티거가 대답했다.

"어디 있는데?" 푸는 이방인이 어디에 있는지, 그리고 혹시 그가 무거운 소풍 바구니를 가지고 왔는지 보려고 최대한 몸을 쭈욱 일으켰다.

"그는 꿀벌나무 근처 숲 건너편 저쪽에 있어. 옆에 소풍 바구니를 두고 바위 위에 앉아 있던데." 티거가 말했다.

"근데 왜 그를 데리고 오지 않았어?" 푸가 물었다.

"네가 그를 데리고 오라는 말은 안 했잖아. 넌 그가 어디에 있는지 찾으라고만 했잖아. 그래서 난 그를 찾아다니기만 했지. 그것도 말 듣자마자 곧장. 내가 한참 동안 그를 지켜봤는데, 그는 아무것도 하지 않고 거기에 앉아만 있더라고. 내가 덤불 뒤에 있었기 때문에 그는 날 못 봤지. 너도 알다시피 티거들은 그런 일에 있어서는 빈틈없이 노련하거든." 티거가 푸를 책망하듯이 말했다.

"그럼, 이방인을 찾았으면 왜 바로 돌아와서 우리한테 말하지

않았어? 그랬다면 우리가 그를 찾느라 시간을 낭비하지는 않았을 거 아니야." 푸가 말했다.

"넌 그를 찾으면 바로 돌아오라고 말하지도 않았어. 그를 찾은 다음 점심 직전에 여기서 만나자고 했잖아. 그게 지금이고. 나는 네가 그렇게 말한 걸 분명히 기억하고 있어." 티거가 머리를 가로저으며 말했다.

"어휴 이런, 내 말을 잘못 이해했네." 푸가 한숨을 쉬며 말했다.

"네 말이 그런 뜻이 아니었다면, 너는 무엇을 원하는지 명확하게 말했어야지." 티거가 논리적으로 지적했다.

"음…… 이제 어쩔 수 없지 뭐. 꿀벌나무 쪽으로 가보는 수밖에." 푸가 애석해 하며 고개를 저었다.

"지금 점심시간이니까 우리가 거기에 도착할 때쯤이면 그가 벌써 소풍 바구니에 든 음식을 다 먹었을지도 몰라. 아, 이런!" 푸가 말했다.

셋은 이방인이 있는 곳으로 갔다. 다행히도 이방인은 아직 음식을 먹지 않았다.

이방인의 소풍 바구니에는 피글렛에게 줄 고급 도토리, 티거에게 줄 수입산 맥아엑스(철, 옥도, 간유 등을 섞어 건위, 강장제로 쓰임-옮긴이주), 물론 푸에게 줄 커다란 꿀단지도 들어있었다. 함께 점심을 먹는 동안 이방인은 그들이 자신을 찾느라 고생한 이야기를 들었다.

"제가 볼 때는 의사소통 과정에 문제가 있었던 것 같은데요. 어떻게 보면 다행이에요. 오늘 우리가 얘기하려던 주제가 바로 의사소통에 대한 거거든요." 이방인이 말했다.

"의사소통이 뭐예요?" 피글렛이 물었다. 이전에 의사소통에 관한 이야기를 했었을 때 그는 푸랑 함께 없었다.

"그것은 프로젝트에 참여하고 있는 모든 사람들에게 무슨 일이 일어나고 있는지 알려주는 것을 의미해요. 우리 모두는 의사소통을 해야 해요. 그것이 우리가 배우고 살아가는 방법이기 때문이지요. 우리는 우리가 받은 정보를 통해 뭘 하고 뭘 하지 말아야 하는지, 어떻게 일하고 어떻게 살아야 할지, 다른 사람들이 우리와 어떻게 관계를 맺고 있는지, 그들이 무엇을 생각하고 느끼는지, 그리고 그들에게 무엇이 중요한지에 대해 결정을 내립니다." 이방인이 말했다.

"우리가 주는 정보를 통해 다른 사람들도 똑같은 것들을 배우게 됩니다. 리더에게 의사소통이 중요한 이유가 바로 그거랍니다. 일을 처리하는 것이 리더의 일이에요. 그리고 일을 처리하는 유일한 방법은 정보를 교환하는 거죠. 만약 리더가 의사소통을 잘하지 못하면 개인들은 조직이나 리더가 원하는 것이 정확히 무엇인지 이해하지 못해요. 그들은 정해진 목표를 달성하기 위해 어떻게 노력해야 하는지 알지 못할 것이고, 자신이 제대로 하고 있는지도 모를 겁니다. 그들과 함께 일하는 다른 사람들도 같은 문제를 가지고 있을 테니, 쓸데없이 같은 일을 중복하거나 더 심한 경우 정작 꼭 필요한 일을 처리하지 않게 되죠." 이방인이 말했다.

"그렇다면 거기에 규칙이 있을까요? 저는 규칙이 있는 게 좋아요. 그래야 제가 올바른 방식으로 일을 하고 있는지 알 수 있으니까요." 푸가 물었다.

"그럼요, 있어요. 제가 그 규칙들을 이야기하면, 오늘 아침에 저를 찾는데 왜 여러분이 어려움을 겪게 되었는지 이야기할 수 있을 겁니다." 이방인이 대답했다.

"그 규칙들은 티거들에게도 적용이 될까요?" 티거가 물었다.

"정보를 교환해야 하는 사람들에게 모두 적용됩니다. 그게 그러니까 말이지요, 의사소통의 또 다른 정의라고 할 수 있죠." 이방인이 말했다.

"잘됐네요. 티거들은 의사소통하는 걸 좋아하거든요." 티거가 말했다. 그러더니 몸을 좀 더 꼿꼿이 세우고 앉았다.

"그거 다행이네요. 어떤 것을 좋아하면 그걸 잘하는 경향이 있거든요." 이방인이 말했다.

"티거들은 분명 의사소통을 엄청 잘해요." 티거는 확고한 목소리로 말했다.

"의사소통의 장점은 자신의 성과를 향상시키고 더 나은 의사소통가가 될 수 있다는 점이에요." 이방인이 말했다.

"단 규칙을 따른다면 말이죠." 피글렛이 덧붙여 말했다.

"맞아요. 이제 첫 번째 규칙부터 설명해 볼게요." 이방인은 소풍 바구니에서 스케치북을 꺼내더니 큰 글씨로 첫 번째 규칙을 썼다. 그러고는 규칙을 쓴 부분을 보여주면서 큰 소리로 읽었다.

1. 의사소통을 하기 위해서는
   정보교환이 이루어져야 한다

"이 규칙에는 몇 가지 알아야 할 게 있어요. 우선, 최소한 두 사람이 있어야 해요. 의사소통에는 많은 개인이 관련될 수 있지만, 적어도 두 사람은 있어야 하지요. 다음은 정보교환이 이루어져야 해요. 즉, 모든 의사소통을 통해 정보를 주고받는 데 참여하는 모든 개인과 양방향으로 이루어져야 한다는 걸 의미합니다."

"그 말은 제가 티거한테 숲 반대편을 찾아봐야 한다고 말한다면, 저도 티거한테서 정보를 얻어야 한다는 뜻인가요?" 푸가 물었다.

"그렇지요. 최소한 티거는 자신이 무엇을 해야 하는지 알고 있고, 그렇게 할 거라는 정보를 제공해야 해요." 이방인이 말했다.

"그래야 제가 제대로 의사소통을 했는지 알 수 있겠네요." 푸가 말했다.

"정확해요. 그걸 '피드백'이라고 하는데, 이건 나머지 규칙들을 다루고 나서 마저 얘기할게요. 이제 두 번째 규칙으로 넘어갈게요." 이방인이 말했다.

2. 상호 교환되는 모든 정보는 가능한 한
1. 명확하고 완전해야 한다

"'오해될 수 있는 일은 오해받기 마련된다'라는 말이 있는데, 그걸 '머피의 법칙'이라고 하죠. 우리가 받은 정보를 이해하지 못하는 데는 다양한 이유가 있어요. 그중 하나는 같은 단어나 말이라도 사람마다 다른 의미로 받아들여지기 때문이에요." 이방인이 말했다.

"아울이 '반면'이라고 말했을 때 전 그 말을 그대로 반쪽 면이라 생각했는데, 아울은 '~와 구별하다'라는 의미로 말한 거였죠." 푸가 말했다.

"그거 아주 좋은 예시네요. 간단한 게임 형식으로 하나 더 알려줄게요." 이방인이 말했다.

"게임 좋아요!" 피글렛이 소리쳤다.

"제가 단어 하나를 말할 건데, 그 단어가 여러분 각자한테 어떤 의미인지를 말해주면 됩니다. 다들 준비됐나요? 그 단어는 '집_{house}'입니다." 이방인이 말했다.

"캥거의 집!" 티거가 말했다.

"이요르의 집!" 피글렛이 대답했다.

"아울의 집!" 푸가 말했다.

"'집'이라는 단어 하나에도 세 가지 다른 의미가 나왔네요. 여러분은 각자 왜 그런 의미로 대답했나요?" 이방인이 물었다.

"전 캥거의 집에서 살거든요. 그래서 캥거의 집을 생각했어요." 티거가 대답했다.

"전 푸랑 제가 이요르 집을 지어줬던 때가 떠올랐어요. 지금까지 제가 지은 유일한 집이거든요. 그래서 그 집이 생각났어요." 피글렛이 말했다.

"제가 아울의 집을 생각한 이유는 정말 멋진 집이기 때문이에요. 그리고 제가 방금 아울이 '반면'이라는 말을 했다고 얘기했잖아요. 그 말을 아울 집에서 했었거든요." 푸가 말했다. 그는 말을 잠시 멈추다가 다시 이어갔다. "같은 단어가 각 개인에게 각각 다른 의미로 받아들여진다면, 의사소통이 정말 어려울 것 같아요."

"제가 이겼나요?" 티거가 물었다.

"그래요. 여러분 모두 제대로 대답했어요." 이방인이 말했다.

"아하! 전 게임에서는 무조건 이기는 게 좋아요." 티거가 말했다.

"방금 한 게임을 통해 알 수 있듯이 만약 제가 여러분한테 '집에서 만나요!'라고 말했다면 어땠을까요? 우리 모두 각자 다른 장소에 가 있을 가능성이 매우 높아요. 같은 단어인데 각각 다른 의미로 받아들였으니까요. 그래서 단어를 사용할 때 주의를 해야 해요." 이방인이 말했다.

"제가 볼 땐 다른 이유도 있는 것 같아요. 우리 모두가 알고 있는 단어인데도 가끔씩 문제가 생기거든요." 피글렛이 말했다.

"맞아요. 문제를 일으키는 또 다른 일반적인 원인은 사람들이 항상 주의를 기울이지는 않는다는 점이에요. 이건 특히 말로 의사소통할 때 그런 일이 생기는데, 우리는 상대가 말하는 속도보다 생각이 더 앞서기 때문에 정신이 산만해지는 경향이 있거든요. 그래서 우리가 주의 깊게 상대의 말을 집중해서 듣고 있다고 생각하지만, 사실은 일부 정보를 놓치곤 하죠." 이방인이 말했다.

"미안해요. 마지막 부분은 잘 못 들었어요. 꿀벌나무에 벌들이 날아다니는 걸 보고 있었어요. 엄청 시끄러운 소리를 내길래 분명 거기에 꿀이 꽤 많이 있을 거라고 생각했거든요." 푸가 말 중간에 끼어들었다.

그래서 이방인은 자신이 했던 말을 다시 반복했고, 푸는 아주 창피해 했다. 하지만 이방인은 푸의 그런 행동이 자신이 말한 것을 증명해주었기 때문에 괜찮다고 말했다.

이방인이 계속 말을 이어갔다. "물론, 여러분들의 모든 정보는 완전해야 해요. 여기서 위험한 것은 리더로서 여러분이 의사소통에 너무 익숙한 나머지 뭔가를 빠뜨릴 수 있다는 거예요. 그래서 의사소통할 모든 내용을 주의 깊게 검토해서 빠뜨린 것이 없는지 확인해야 해요."

"말하자면 푸가 저더러 당신을 찾으면 데리고 돌아오라고 말하지 않은 것처럼 말이죠." 티거가 말했다.

"맞아요. 그게 아주 좋은 예입니다. 이제 우리가 종종 간과하는 아주 중요한 규칙을 알아야 할 차례예요." 이방인이 스케치북에 또 하나의 규칙을 썼다.

3. 정보는 받는 사람에게 의미가 있어야 한다

"이 규칙을 알아야 할 두 가지 이유가 있어요. 첫 번째는 아무리 정보가 명확하고 완전하더라도 정보를 받는 사람이 의미 있거나 '중요하게' 받아들이지 않는다면, 그 정보에 큰 관심을 두지 않기 때문이에요. 속담에도 그런 말 있죠. '한 귀로 듣고 한 귀로 흘려보낸다'고. 이제는 정보를 받는 사람이 그 정보가 중요하다고 느끼는 것 같지 않으면, 여러분은 아마 그 정보를 애써 전달하려고 하지 않을 거예요. 그러니까 그들에게 핵심을 강조해서 전달하는 게 중요해요. 예를 들어, 공장을 경영하고 있는데 고객이 원하는 배송 일정을 맞추기 위해 생산량을 늘려야 하는 경우, 직원을 모두 불러서 그 내용을 알려야겠죠. 하지만 직원들에게는 그다지 의미가 없을 수도 있어요. 그래서 직원들은 그 내용에 주의를 기울이지 않거나 매우 심각하게 받아들이지 않고 그것이 영업부의 문제라고 생각할 거예요. 반면에⋯⋯." 이방인이 말했다.

"처음과 구별된다는 의미야!" 푸가 피글렛에게 속삭였다.

"배송 상황이 개선되지 않으면 고객이 주문을 취소할 수도 있고, 만약 그런 일이 발생하면 회사에 큰 손실이 발생할 거고 그렇게 되면 회사 사정이 어려워질 거라고 말한다면 어떨까요? 아마 직원들은 그 정보를 중요하게 받아들이고 확실히 주의를 기울이게 될 거예요. 두 번째 이유는 누군가에게 중요하지 않은 뭔가를 말하는 건 별 의미가 없기 때문이에요. 그건 누군가의 시간과 여러분의 시간을 낭비하는 거예요." 이방인이 말했다.

"가끔 이요르가 자신이 발견한 새로운 엉겅퀴 밭에 대해 아주 장황하게 이야기할 때가 있는데, 물론 이요르가 발견해서 정말 기쁘긴 하지만 사실 전 엉겅퀴에 그다지 관심이 없거든요." 푸가 말했다.

"그럴 때는 어떻게 하나요?" 이방인이 물었다.

"보통 큰 꿀단지를 발견하면 제가 어떻게 할지 생각해요." 푸가 고개를 저었다. 그리고 다시 말을 이어갔다. "꿀은 엉겅퀴보다 찾기가 훨씬 어려워요. 그러다가 이요르가 엉겅퀴 이야기를 더 이상 하지 않을 때, 다시 서로의 이야기에 집중해요."

"그게 바로 그 규칙이 경계하는 바입니다." 이방인이 말했다.

"규칙이 더 있나요?" 티거가 물었다. 그는 통통 뛰기 시작했다.

"두 가지가 더 있는데, 무척 중요한 것들이에요." 이방인이 말했다.

이방인은 앞의 규칙들보다 훨씬 더 큰 글자로 다음 규칙을 적었다.

4. 의사소통한 메시지가 이해되었는지 항상 확인하라

"이걸 '피드백'이라고 해요. 우리가 지금까지 이야기한 모든 이유들로 여러분이 소통하는 메시지가 제대로 이해되었는지 항상 확인해야 한다는 뜻이에요. 여러분은 정보를 받은 사람들에게 어떤 정보를 받았는지 말해달라고 하고, 그들이 말해주는 것을 아주 아주 주의 깊게 들은 후에 하는 게 피드백이에요. 만일 그들이 여러분에게 말해준 것이 정확하지 않다면, 여러분은 그들이 이해하지 못하거나 놓친 것이 있다면 그들에게 다시 말해줘야 해요. 그들이 여러분이 전하려는 메시지를 이해했다고 확신이 들 때까지 이 과정을 반복해야 합니다. 알겠지만 좋은 의사소통가가 되려면 경청을 잘해야 해요." 이방인이 설명했다.

"티거들은 듣는 걸 아주 잘해요. 그래서 푸가 당신을 찾으면 이곳으로 데려오라고 말하지 않았다는 것을 제가 안 거예요." 티거가 말했다.

"제가 티거에게 피드백을 요청했어야 했는데, 그게 제가 잘못한 부분이에요. 제가 머리가 나쁜 곰인 것 같아서 걱정이에요." 푸가 말했다.

"그렇지만 그때는 이 규칙을 몰랐잖아요." 이방인이 알려주었다.

"그건 그래요. 지금이었다면 훨씬 더 잘할 텐데." 푸가 아쉬워하며 말했다.

"자, 이제 마지막 규칙으로 넘어가 볼까요?" 이방인이 말했다.

5. 정보는 일관성이 있어야 한다. 정보는 다양한 방식으로 전달될 수 있다. 더 많은 방식을 사용할수록 더 명확하고 더 신뢰할 수 있을 것이다. 그러나 메시지는 어떤 방식으로 전달되든 동일해야 한다. 일관성을 유지하는 것이 필수적이다

푸, 피글렛, 그리고 티거는 이 규칙을 유심히 살펴보았다.

"전…… 무슨 말인지 전혀 모르겠는데요. 누군가에게 전할 메시지가 있으면 그냥 말만 하면 되는 거 아니에요?" 피글렛이 마침내 말을 꺼냈다. 그리고 이어 재빨리 덧붙여 말했다. "당연히 명확

하고 완전하며 의미가 있는지 확인하면서 말이에요."

"그리고 피드백을 받으면서. 그게 엄청 중요하죠." 푸도 덧붙였다.

"음. 우리가 의사소통하고 메시지를 전달하는 데 사용하는 방법은 정말 많아요. 지금 우리는 두 가지 방법을 사용하고 있어요. 의사소통 규칙에 대해 이야기하면서 정보를 말로 제공하는 것 즉, 정보를 듣는 거죠. 동시에 제가 이 스케치북에 규칙을 써서 보고 있으니까 시각적으로 정보를 제공해서 보는 거죠. 그런 다음 이 두 가지 방법을 결합해 영화나 TV 프로그램, 동영상 등에서처럼 보고 듣는 두 가지 형태로 동시에 정보를 제공할 수도 있어요. 이것이 바로 세 번째 방법이라고 할 수 있죠. 특히 리더에게 가장 중요한 방법은 행동으로 제공하는 정보입니다. 정보를 받는 사람들은 리더가 하는 행동이 그의 말이나 시각적인 방법 등 여러 방법으로 제공하는 메시지와 같은지 자세히 지켜볼 거예요. 리더의 행동이 말하거나 쓰는 것과 다른 메시지를 전달한다면, 사람들은 리더의 행동과 그것들이 다르니 진심이 아니라고 생각할 겁니다." 이방인이 말했다.

"아직도 전 행동 부분, 그러니까 행동으로 정보를 제공하는 것이 무슨 의미인지 여전히 이해가 잘 안 돼요." 피글렛이 말했다.

"그러면 예를 하나 들어 볼게요. 당신이 리더라고 가정하고, 당신은 사무실이 깨끗하지 않고 잘 정돈되어 있지도 않다는 것을 알게 됐어요. 당신은 청결이 중요하다는 것을 알고 있지요. 지저분하면 그곳에서 일하는 게 좋지 않을뿐더러 필요한 물건을 쉽게 찾기도 어려우니까요." 이방인이 말했다.

"전 딱 한 번 깨끗해 본 적 있는데. 제가 루인척 했을 때 캥거가 절 목욕시켜주었어요." 피글렛이 끼어들었다. 그러곤 잠시 생각을 하더니 말했다. "너무 싫었어요. 깨끗한 거요. 편하지도 않고 제 몸 색깔만 바뀌어 버렸지 뭐예요."

"우린 지금 일터에 대해 이야기하고 있는 거라고." 푸가 피글렛에게 말했다.

"아, 미안해요. 계속 해주세요." 피글렛이 말했다.

"그래서 리더는 직원들을 불러 모아 사무실이 얼마나 지저분한지 보여주고 깔끔한 사무실에서 일하면 얼마나 더 좋을지, 상황이 바뀌면 일이 얼마나 더 잘될지 짚어주죠. 그러고 나서 그들에게 무엇을 어떻게 해야 하는지 제안해달라고 요청하고 그들의 아이디어를 자신의 계획에 반영하는 겁니다. 그런 다음, 리더는 업무를 조직화하고, 그걸 문서화해서 모두에게 공유하고, 게시판에 게시하는 거예요. 그리고 제대로 이해되었는지 피드백을 받아 확인하는 것이죠." 이방인이 말했다.

"그렇게 해서 그 사무실이 깨끗하고 깔끔히 정돈되었답니다…… 전 이런 행복한 결말이 좋은데." 티거가 말했다.

"불행히도 그렇게 되지 않았어요." 이방인이 말했다.

"왜요? 리더는 모든 규칙을 따라 한 것 같은데, 그 이유를 모르겠네요." 푸가 말했다.

"리더가 실수를 저질러서 그동안의 모든 노력이 물거품이 된 것이 아니에요. 그는 정작 자기 방은 청소하지 않았던 거예요. 구석에는 먼지 뭉치가 굴러다녔고, 책상에는 서류들이 떨어지고 있고, 서류함 위에는 책과 서류첩이 섞인 채 쌓여 있었죠. 또 모두가 일하고 있는 매장에 나갔을 때는 종이 한 장을 구기더니 바닥에 그냥 던졌어요. 그런 리더의 행동을 보고 직원들은 정돈을 잘하는 것이 그다지 중요하지 않다고 판단했죠. 그러니 그들은 사무실을 정리하지 않았어요." 이방인이 말했다.

"무슨 말인지 알겠어요. 행동이 말보다 중요하다는 거군요!" 피글렛이 말했다.

"그거 아주 좋은 표현인데요, 피글렛. 그 말을 마지막 규칙에 넣어야겠어요." 이방인이 말했다.

"독창적이죠? 그냥 생각한 건데." 피글렛은 자랑스럽게 말했다.

이방인은 피글렛이 한 말을 처음에 쓴 규칙에 덧붙여 적었다. 그래서 스케치북에 적은 규칙들은 다음과 같았다.

효과적인 의사소통을 위한 규칙

1. 의사소통을 하기 위해서는 정보교환이 이루어져야 한다.

2. 교환되는 모든 정보는 가능한 한 명확하고 완전해야 한다.

3. 정보는 받는 사람에게 의미가 있어야 한다.

4. 의사소통한 메시지가 이해되었는지 항상 확인하라.

5. 정보는 일관성이 있어야 한다. 정보는 다양한 방식으로 전달될 수 있다. 더 많은 방식을 사용할수록 더 명확하고 더 신뢰할 수 있을 것이다. 그러나 메시지는 어떤 방식으로 전달되든 동일해야 한다. 일관성을 유지하는 것이 필수적이다. 행동이 말보다 중요하다는 것을 잊지 말 것.

모두들 스케치북에 적힌 규칙들을 읽어 보았다.

"오늘 아침에 우리가 왜 어려움을 겪었는지 알겠어요. 우린 정보가 최대한 명확하고 완전해야 한다는 규칙을 따르지 않았던 거예요. 게다가 피드백도 받지 않았고요." 푸가 말했다.

"정확해요. 그건 리더가 의사소통할 때 매우 신중해야 하고, 소통을 하기 전과 하는 동안 규칙을 생각해야 해요. 그 이유를 보여주는 좋은 사례죠. 리더들은 이 규칙들이 몸에 배도록 연습해야 합니다." 이방인이 말했다.

"이제 사냥 연습은 그만하고 이요르를 찾아서 의사소통 연습을 해볼래요." 티거는 이렇게 말하더니 큰 소리로 워라워라워라워라워라 하며 이요르네 집을 향해 통통 뛰어 갔다.

"고마워요. 이제부터는 모든 것이 훨씬 더 명확해질 거예요. 아울을 만나서 그가 최근에 어디서 도토리나무들을 다시 보았는지 알려달라고 해야겠어요." 피글렛도 이방인에게 감사의 말을 전하고는 백 에이커 숲을 향해 출발했다.

티거와 피글렛이 떠나자 이방인과 푸는 다음날 만나기로 약속했다. 그들은 의사소통의 규칙을 따르기 위해서 이번에는 아주 정확하게 약속 시간을 정했다. 이방인은 푸가 특히 피드백을 잘 사용했다고 칭찬했다.

푸는 이방인이 떠난 후에야 '리더 노래'를 부르지 않았다는 것을 깨닫고는 혼자 중얼거렸다. "난 정말이지 뭐든 잘 까먹는 곰이야. 까마귀 고기를 먹었나. 어휴!"

5장

푸가 드디어
리더의 원칙을
이해하기
시작하다

동기부여, 위임, 그리고 리더십이 탐색된다.
마침내 푸는 '리더 노래'를 부르고,
이요르는 돌아다니며 기억에 남을 만한 탐험을 통해
좋은 리더에 대해 배운다.

•
•
•

푸는 아주 중요한 '리더 노래'를 이방인에게 불러주는 것을 두 번이나 잊은 터라 오늘 아침에는 절대 잊지 않으리라 결심했다. '경영자'나 '위임' 같은 단어. 그 단어들이 리더가 해야 할 일에 어떻게 적용되는 것인지 이방인에게 물어봐야 하는데, 그걸 상기시키려면 '리더 노래'가 중요했기 때문이었다.

푸는 집에서부터 이방인을 만날 때까지 계속 노래를 불렀다. 그래야 노래 부르는 걸 잊지 않을 것 같았다. 푸는 이방인을 만나러 꽃길을 따라 걸으면서 내내 혼자 노래를 불렀다.

경영자, 경영자가
리더가 돼야 해.
우리 모두 알듯이

푸는 콧노래로 반복해서 노래를 부르려고 했는데 생각대로 잘 되지 않아 다시 부르기 시작했다. 푸는 징검다리가 있는 개울가에 올 때까지 노래를 계속 부르다가 세 번째 디딤돌 한가운데 이르자, 계속 반복해서 부르는데도 왜 좋은 노래로 느껴지지 않는지 궁금해지기 시작했다. 그래서 그는 개울 한복판에 있는 돌 위에 앉아서 그 이유가 뭘까 고민했다.

햇볕이 너무나 따사로워 기분이 좋았다. 오랫동안 앉아 있자 따뜻해진 돌의 온기도 너무 좋아서 푸는 노래에 대한 생각을 거의 잊을 뻔했다. 하지만 곧 이방인을 만나야 한다는 것과 그가 자신을 VIB로 여기도록 그 노래가 좋은 노래여야 한다는 것을 상기했다.

"이 노래는 아주 중요한 의미를 담고 있어서 중요한 단어들을 떠올리게 하거든. 그러니 아주 중요한 노래여야 할 거야." 푸가 중얼거렸다.

푸가 그런 생각을 하고 있는 사이 잠자리가 푸의 머리 위를 맴돌았다. "아휴, 성가셔! 그런데 문제는 아주 중요한 노래처럼 들리지 않는다는 거야."

푸는 혹시나 해서 다시 노래를 불렀다. 그러자 잠자리가 잽싸게 날아가 버렸다. 그건 푸의 노래가 아주 중요한 노래가 아니라는 걸 증명하는 것이었다. 만약 그 노래가 중요한 노래였다면 잠자리는 그 노래 내용이 궁금해서 더 머물렀을 것이기 때문이다.

"내 생각엔 이 노래가 아주 중요한 노래가 되려면, 좀 더 길어야할 것 같아." 그래서 푸는 그 노래에 가사를 조금 더 보충했다.

리더는 신뢰하는 사람에게

일을 위임하지.

목표와 조직화는

꼭 해야 할 일 중 일부라네.

푸는 2절은 더 중요한 내용을 담아서 지었다고 생각했다. 드디어 자리에서 일어나 이방인을 만나러 갔다.

그는 걸으면서 2절을 추가함으로써 더 중요한 노래로 만들었다고 생각하니, 3절이 있다면 자신이 원하는 대로 아주 중요한 노래로 완성될 거라고 생각했다. 그래서 그는 걸어가면서 아침을 먹다 입가에 묻은 잼과 꿀을 발등으로 닦으면서 3절을 불렀다. 다소 달달한 구절이었다.

리더는 할 수 있는 한

이 모든 일들을 잘 해내지.

모든 것이 리더의 계획의

일부기 때문이라네.

이렇게 하면 '아주 중요한 노래'처럼 보이진 않을지 몰라도, 매우 화창한 아침 9시 30분경 옅은 황갈색 솜털 사이로 노래가 흘러

나오니 푸에게 만큼은 이 노래가 자신이 부른 노래 중 가장 중요한 노래 중 하나로 느껴졌다. 그래서 그는 이방인과의 약속 장소로 가는 내내 이 노래를 불렀다.

"안녕, 푸. 당신이 직접 그 노래를 만든 거예요?" 이방인이 물었다.

"제가 만들긴 했는데, 뭐 머리를 엄청 써서 만든 건 아니고요." 푸가 겸손하게 말을 이어갔다. "왜냐하면 그냥 곡이 떠올랐다고 해야 하나요. 이렇게 노래로 부르면 아울이 말해준 게 중요한 것인지 당신한테 물어봐야 한다는 걸 제가 까먹지 않을 수 있거든요. 그러니까 경영자가 리더가 되고 위임하는 것에 대해서요."

"중요한 것들이네요. 당신이 부른 노래가 아주 적절해요. 오늘 동기부여에 대해 얘기할 참이었거든요. 동시에 리더십과 위임에 대해서도 다룰 수 있어요." 이방인이 말했다.

"고마워요. 그러니까 제 말은 노래에 대해 그렇게 말해줘서 고맙다고요." 푸는 '적절한'이란 단어의 의미를 확실히 알 수는 없었지만 중요한 말처럼 들렸다. 그러곤 이방인에게 아울과 했던 대화의 전부는 아니어도 최소한 지난번에 이방인에게 얘기하려다 까먹었던 부분을 들려주었다.

"전 위임에 대해서는 잘 알겠는데, 리더가 무엇이고 왜 경영자가 리더가 되는 게 중요한지는 잘 모르겠어요." 푸가 말을 마쳤다.

"그렇군요. 당신이 리더가 되었던 모험 이야기가 있을까요? 그 모험을 통해 리더가 무엇인지 알아보면 쉬울 텐데요."이방인이 말했다.

"리더가 뭔지도 잘 모르는데 리더가 되었던 모험을 생각하는 건 어려워요." 푸가 매우 일리 있는 어조로 지적했다.

"아주 좋은 지적이에요. 리더란 앞장서서 나아가고 다른 사람들이 그 뒤를 따르도록 하는 사람이에요." 이방인이 말했다.

"아, 그런 모험이라면 제 기억에……." 푸가 말하다 말고 순간 멈췄다. 이요르가 저쪽에서 이리저리 거닐다가 푸와 이방인이 말하는 것을 보고는 다가왔기 때문이었다.

"안녕, 푸. 네가 말했던 곳에서 내 꼬리를 찾았어. 설렁줄인 척 하고 있었지만 날 속일 순 없지." 이요르가 자기 뒤를 가까이에서 따라오고 있는 꼬리를 뒤돌아보며 말했다.

"그거 참 멋진 꼬리네요." 이방인이 말하면서 자신을 소개했다.

"꼬리가 가는대로 가도 전 괜찮아요." 이요르가 의기소침해 말했다. "사실, 꼬리는 자기가 붙어있는 주체가 가는 곳으로 가야 하잖아요. 그런데 이 꼬리는 그렇지가 않아요. 때때로 가서 설렁줄이 되기도 해요. 설렁줄이 되고 싶어 하는 꼬리를 가진 건 그냥 제복이죠." 이요르가 한참 말이 없다가 다시 입을 열었다. "정말 제 꼬리다워요." 이요르는 여전히 꼬리가 붙어있는지 확인하려고 뒤를 쳐다보았다.

"그래서 하는 말인데, 우리 방금 이야기를 하나 하고 있었어. 우리 모두 북극을 발견하러 타멈(푸가 '탐험'을 '타멈'으로 잘못 알아들음 -옮긴이주)을 떠났을 때 크리스토퍼 로빈이 우리의 리더였던 이야기 말이야." 푸가 이요르에게 말했다.

"나도 기억나. 안 좋게 끝났잖아. 그때 내 꼬리가 어떻게 됐는지 기억하지?" 이요르가 침울하게 말했다.

"물론이지. 근데 그건 나중에 일어난 일이잖아. 이방인이 이해할 수 있도록 처음부터 내가 얘기할게." 푸가 말했다.

"그래 좋아. 그런데 꼭 잊지 마. 너도 알다시피 누구든 그럴 수 있잖아. 그러니까 자신이 한 약속을 잊어버리기도 하잖아." 이요르가 말했다.

푸는 이요르의 꼬리 부분 이야기를 잊지 않기로 약속하고 처음부터 이야기를 시작했다.

"이 이야기는 제가 크리스토퍼 로빈을 만나는 데서부터 시작해요." 푸가 이방인에게 말했다.

크리스토퍼 로빈은 문 앞에 앉아서 큰 장화를 신고 있었어. 푸는 그 큰 장화를 보자마자 모험이 시작되리라는 것을 알았지. 그래서 발등으로 코에 묻은 꿀을 닦고 최대한 말끔하게 단장했어. 그 무엇에도 만반의 준비가 되어 있다는 것을 보여주려고 말이지.

"좋은 아침이야, 크리스토퍼 로빈." 푸가 소리쳤어.

"안녕, 곰돌이 푸. 나 이 장화 못 신겠어."

"이런 어째." 푸가 말했지.

"네가 나 좀 받쳐줄래? 내가 장화를 계속 세게 잡아당기다 보니까 뒤로 넘어져서 말이야."

푸는 자리에 앉아서 땅이 파이도록 발을 딱 고정했어. 그리고 크리스토퍼 로빈의 등을 힘껏 받쳤지. 크리스토퍼 로빈도 있는 힘껏 푸의 등에 기대어 장화를 계속 잡아당기더니 마침내 신었어.

"좋은 리더란 다른 사람을 준비에 참여시키죠. 그러고 나서 크리스토퍼 로빈이 당신에게 뭐라고 말했나요?" 이방인이 물었다.

"이렇게 말했어요." 푸가 대답했다.

"우리 모두 탐험을 떠날 거야." 크리스토퍼 로빈이 자리에서 일어나 옷을 툭툭 털며 말했어. "고마워, 푸."

"타멈을 떠난다고? 난 한 번도 그런 걸 해본 적이 없어. 어디로 타멈을 가는 거야?" 푸가 기대에 차서 물었어.

"탐험이야, 곰탱아. 그 단어엔 'ㅎ(히읗)'이 들어간단 말이야."

"아! 나도 알아." 하지만 사실 푸는 잘 알지 못했지.

"우리는 북극을 발견하러 갈 거야."

"아!" 푸가 다시 말했다. "북극이 뭔데?"

"그건 그냥 네가 발견하는 거야." 크리스토퍼 로빈은 무심코 말했어. 사실 그도 잘 몰랐거든.

"아. 그렇구나. 곰들이 북극을 뭐 좀 잘 발견하나?" 푸가 물었어.

"당연하지. 그리고 래빗이랑 캥거 너희 모두 그래. 그게 탐험이야. 탐험이 바로 그런 의미거든. 모두 길게 줄지어 떠나는……." 크리스토퍼 로빈이 말했다.

"그런 말을 들으니 굉장히 신날 것 같더라고요." 푸가 말했다.

"좋은 리더라면 항상 자신이 하고 싶은 프로젝트가 흥미롭게 보이도록 해야죠. 이것이 바로 개인에게 동기를 부여하는 부분이에요. 프로젝트가 흥미롭고 중요하다고 느끼면 누구나 더 일을 잘하려고 노력하거든요. 중요한 일에 참여함으로써 개인은 자신이 중요하다고 느낄 겁니다. 누구나 그렇게 느끼는 걸 좋아하잖아요." 이방인이 말했다.

"북극이 뭔지 잘 몰랐지만, 크리스토퍼 로빈이 '네가 발견하는 것'이라고 말해주었는데 그 말이 되게 중요하게 들리더라고요. 게다가 곰들이 발견을 잘한다고도 말해주었어요." 푸가 말했다.

"그게 리더가 하는 또 다른 일이죠. 리더는 자신과 함께 일하는 사람들을 격려하고 칭찬을 아끼지 말아야 해요. 우리는 좋은 평가를 받으면 그에 부응하고 싶어 하거든요. 그래서 그 프로젝트나 일을 성공시키기 위해서 더 열심히 노력하게 되죠. 동기를 부여한다는 것은 누군가에게 정말로 일을 잘하도록 하는 동기를 제공한다는 의미예요. 어떤 일이 중요하다고 느끼는 것과 존경하는 누군가가 우리에 대해 가지고 있는 좋은 의견에 부응하려는 것은 모두 업무를 훌륭히 해내는 데 있어 아주 강력한 이유가 됩니다. 그래서 그다음 크리스토퍼 로빈이 뭘 했나요?" 이방인이 물었다.

"크리스토퍼 로빈은 이렇게 말했어요." 푸가 대답했다.

"너는 다른 친구들한테 가서 준비하라고 말해주면 좋겠어. 그동안 나는 내 총에 이상이 없는지 볼게. 그리고 모두 식량을 꼭 챙겨 와야 해."

"뭘 챙겨 오라고?"

"먹을 거."

"아!" 푸가 기뻐하며 말했어. "난 또 네가 식량이라고 말한 줄 알았지. 내가 가서 친구들한테 말할게." 푸가 쿵쿵거리며 걸어갔다.

"그래서 그게 당신이 탐험에 참여하는 데 더 큰 동기부여가 되었군요." 이방인이 말했다.

"맞아요. 저는 엄청 큰 꿀단지랑 그리고……." 푸가 꿈을 꾸듯이 말했다.

"그 다음엔 무슨 일이 있었어?" 이요르가 푸에게 물었다. "그때 난 거기에 없었잖아. 너도 알잖아. 처음에는 없었지. 거의 없었지. 걔네들이 뭐라고들 하는지 난 알아. '이요르는 처음에 없어도 돼. 어쨌든 그는 함께 따라 올 거야. 이요르는 끝에 오게 하자' 이런 식이지. 세상 일이 다 그렇지 뭐. 슬프지만 사실이야." 이요르가 한숨을 쉬며 말했다.

"크리스토퍼 로빈이 당신한테 다른 친구들에게 가서 준비하라고 알려주란 요청을 했을 때, 그가 한 것이 뭐라고 생각하나요?"

푸가 잠시 동안 생각하더니 천천히 말했다. "제 생각엔 말이죠, 그가…… 위임을 한 것 같은데요."

"맞아요. 그는 자신의 책임 중 일부를 당신에게 맡기고, 자신은 다른 일을 할 시간을 벌었던 거예요. 그런 다음 당신은 뭘 했나요?" 이방인이 다시 물었다.

"음, 제가 처음 만난 친구는 래빗이었어요. 래빗한테 타멈과 그 목적이 뭔지 그리고 먹을 것을 가져와야 한다고 알려줬죠. 크리스토퍼 로빈의 집에서 만나기로 했다고도 말해줬어요. 그런 다음 래빗보러 캥거에게 가서 알려주라고 부탁을 했어요. 그동안 전 피글렛을 찾으러 갔고요." 푸가 말했다.

"그러니까 당신은 당신의 임무 일부를 래빗에게 위임했군요." 이방인이 말했다.

"그래요. 그랬던 것 같아요. 위임, 그거 말이에요. 아울이 왜 위임이 중요하다고 했는지 알겠어요. 위임을 하면 제 일이 더 수월해지고 빨리 쉽게 끝낼 수가 있어요." 푸가 자랑스럽게 말했다.

"그래서 리더가 위임을 중요한 도구로 사용하는 거예요. 위임을 통해 리더는 자신의 노력을 배가 시킬 수가 있거든요. 당신은 적절하게 위임을 했어요. 래빗에게 그 임무의 목표와 이유를 말해주었죠. 그에게 해야 할 중요한 과업을 부여한 겁니다. 많은 리더가 별로 중요하지 않거나 비주류의 일들을 위임하곤 하는데,

그건 구성원들에게는 불공평한 거예요. 푸 당신이 훨씬 더 잘한 점은 래빗에게 그 일을 어떻게 해야 하는지 알려주지 않았단 거죠. 당신은 래빗이 그 일을 완수하는 방법을 스스로 결정할 수 있게 해주었어요. 리더가 그런 식으로 위임을 하면, 구성원들에게 기술과 역량을 배우고 향상시킬 수 있는 기회를 주는 셈입니다. 구성원들이 리더가 하는 일의 일부를 직접 해보면서 성장할 수 있는 기회를 만드는 거죠." 이방인이 말했다.

"하지만 래빗이 그 일을 제대로 하지 않았어요. 전 캥거만 데려오라고 했는데 래빗이 자기 친구들과 친척까지 전부 데려왔거든요." 푸가 말했다.

"괜찮아요. 리더는 위임할 때 자신이 위임한 사람들이 실수를 할 수도 있다는 것을 알아야 해요. 사실, 실수할 수 있죠. 그건 누군가의 발전과 성장에 중요한 부분입니다. 실수하면서 일을 제대로 하는 법을 배우고, 새로운 일을 시도하는 걸 두려워하지 않게 되죠. 기억해 두세요. 좋은 판단은 경험의 결과고, 경험은 잘못된 판단의 결과라는 걸요." 이방인이 말했다.

"뭐, 상관없었어요. 래빗이 그들에게 이요르 뒤 맨 끝에 서서 걸으라고 했거든요." 푸가 말했다.

"하지만 저한테는 상관있었어요. 전 그게 불편했는데, 바로 그때 크리스토퍼 로빈이 출발하자고 말하는 통에 아무도 신경 쓰지 않았던 거죠. 그리고 우리 모두 왔던 순서대로 그의 뒤를 따라 출발했어요. 전 끝에 있긴 했었지만 다행히 맨 끝은 아니었지요." 이요르가 말했다.

"하지만 넌 괜찮다고 했잖아." 푸가 이요르에게 말했다.

"그랬지. 하지만 나도 '너한테 뭐라고 하지만 마'라고 말했잖아." 이요르가 말했다.

"자자, 그다음엔 어떻게 됐나요?" 이방인이 물었다.

"전 우리가 줄지어 걸을 때 부를 노래 하나를 만들었어요. 그리고 피글렛에게 제 노래를 불러주고 있었어요. 그런데 갑자기……." 푸가 말했다.

 "쉿!" 크리스토퍼 로빈이 푸를 돌아보며 말했어. "우린 방금 위험 지역에 들어섰어."

"쉿!" 피글렛이 캥거에게 말했어.

"쉿!" 캥거가 아울에게 말할 때 루는 아주 나지막이 혼자 여러 번 "쉿!"하고 말했지.

"쉿!" 아울이 이요르에게 말했어.

"쉿!" 이요르가 래빗의 친구와 친척들에게 무서운 목소리로 말하자 그들은 맨 끝에 선 친구에게 전달될 때까지 일렬로 선 줄을 따라 차례로 일사분란하게 "쉿!"을 전했지. 그런데 가장 마지막에 서 있던 친구는 몸집이 제일 작았었는데, 타먼대 전체가 자기에게 "쉿!"이라고 말하는 걸 보고는 너무 당황해서 갈라진 땅바닥 틈에 머리를 처박았어. 그러곤 위험이 사라질 때까지 이틀을 거기서 꼼작 않고 있다가 황급히 집으로 돌아갔대. 그 후로는 그의 이모와 조용히 살았다더라고. 그의 이름은 아마 알렉산더 비틀_{beetle}(딱정벌레임-옮긴이주)이었지. 타먼대는 바위투성이의 높은 둑 사이로 굽이굽이 요동치며 흐르는 개울에 다다랐고, 크리스토퍼 로빈은 그곳이 얼마나 위험한지 단번에 알았지.

"여긴 매복했다가 기습하기 좋은 곳이야." 그가 설명했어.

"글쎄, 전 크리스토퍼 로빈이 말한 기습을 숲으로 알아들었지 뭐예요. 그래서 무슨 숲인지 잘 모르겠어서 피글렛한테 '무슨 숲?

가시금작화 숲?'하고 속삭이며 물었어요. 그 말을 들은 아울이 기습은 일종의 깜짝 놀라게 하는 것이라고 알려줬어요. 전 그에게 가끔 가시금작화 숲도 그럴 때가 있다고 말했어요. 그러자 아울이 사람들이 너한테 갑자기 튀어나와 달려든다면 그걸 기습이라고 한다고 말했어요. 그래서 전 그에게 언젠가 내가 나무에서 떨어졌을 때 가시금작화 숲이 갑자기 나한테 튀어나오는 통에 온몸에 박힌 가시를 뽑아내느라 엿새나 걸렸다고 얘기했어요. 아울은 우리가 가시금작화 숲 얘기를 하는 게 아니라고 말했지만 전 그 얘기를 하고 있는 거라고 말했지요." 푸가 말했다.

"우린 매복 기습 없이 그 위험 지역을 지나갔어요. 자, 이제 우린 우리가 했던 그 타…… 뭐시기에서 흥미로운 장소에 거의 다 왔어요." 이요르가 말했다.

그들은 바위에서 바위로 발걸음을 옮기며 아주 조심스럽게 그 개울을 따라 올라갔어. 얼마 안 가서 둑이 양쪽으로 드넓어지는 곳에 이르렀는데, 거기에는 모두가 앉아서 쉴 수 있는 풀밭이 길게 쫘~악 펼쳐져 있었지. 크리스토퍼 로빈은 풀밭을 보자마자 "정지!"라고 외쳤고, 그들은 모두 앉아서 쉬었어.

"우린 여기서 가져온 식량을 모두 먹어야 할 것 같아. 그래야 가져갈

짐이 줄 것 같거든." 크리스토퍼 로빈이 말했어.

"그 부분이 크리스토퍼 로빈이 좋은 리더라는 걸 보여주네요. 리더란 자신이 관리하는 사람들에게 진심어린 관심을 가지고 염려나 배려를 해야 하거든요. 리더가 이것을 보여주는 한 가지 방법은 사람들의 요구가 잘 처리되고 있는지, 그리고 그들의 건강과 행복을 염려하고 배려하고 있다는 걸 확실히 보여주는 거예요." 이방인이 말했다.

"아무도 절 신경 쓰지 않았어요. 늘 그렇듯 아무도 저한테 뭘 좀 가져오라고 하지 않았죠. 늘 그렇듯 그들 누구도 저한테 뭔가 나눠주겠다고도 안했어요." 이요르가 말했다.

"나눠줬잖아, 이요르. 내가 우연히 엉겅퀴 위에 앉았다가 네가 엉겅퀴를 먹을 수 있도록 재빨리 일어났잖아. 그 덕에 네가 엉겅

퀴를 먹을 수 있었고. 물론 또다른 이유도 있었지만." 푸가 말했다. 푸가 엉겅퀴 생각이 나자 앉았던 자리를 문질렀다.

"다시 한 번 고마워, 푸. 내게 나눠주어서 정말 고마웠어. 근데 그때도 말했지만 엉겅퀴 위에 앉는 것은 좋지 않아. 그건 엉겅퀴를 다 죽이는 거거든. 모두가 그 사실을 기억해 뒀다가 엉겅퀴를 봤을 때 그 위에 앉지 않도록 조심해야 해. 사람들이 나한테 연락하면 엉겅퀴에 대한 올바른 행동에 관해 알려줄 수 있는데." 이요르가 말했다.

"기억해 둘게요. 그래서 그다음엔 무슨 일이 있었나요?" 이방인이 물었다.

"음. 크리스토퍼 로빈이 래빗에게 북극이 막대기라는 말을 했어요(북극을 영어로 the North Pole이라고 하는데, pole은 극 말고도 '막대기'라는 의미도 있음 - 옮긴이주). 왜냐하면 북극이 막대기기 때문에 단어에 pole이 들어간다고요. 그때 피글렛은 드러누워 평온하게 자고 있었고요. 루는 개울가에서 얼굴과 앞발을 씻고 있었죠. 그 사이 캥거는 루가 이번에 처음으로 혼자 세수를 했다고 모두에게 자랑했어요……." 푸가 말했다.

"전 그렇게 온몸을 다 씻는 것에 반대라고 말하고 있었어요. 요즘엔 현대식이다 뭐다 하면서 귀 뒤쪽을 씻으라는 등 터무니없는 소리도 있는데 말이죠. 무슨 일이 일어날지도 모르잖아요. 제 말은 그게 건강에 해로울 수도 있고요. 무슨 일이 일어났는지 들어 보세요." 이요르가 말했다.

"무슨 일이 있었어요?" 이방인이 물었다.

"루가 개울에 빠졌지 뭐예요. 폭포에서 물웅덩이로 휩쓸려 떠내려가고 있었어요!" 푸가 말했다.

"아주 구석구석 정신없이 씻었지." 이요르가 말했다.

"모두 루를 구하려고 애썼어요. 피글렛은 '어우, 어우'하며 펄쩍펄쩍 뛰었고, 아울은 그렇게 갑자기 물에 빠졌을 때는 물 위로 머리를 내밀고 있는 게 중요하다고 설명하고 있었어요. 캥거는 둑을 따라 뛰어가면서 '루야, 괜찮은 거 맞지?'하며 소리쳤어요. 루는 '나 수영하는 것 좀 봐요!'하고 대답했죠." 푸가 말했다.

"여기서 중요한 건 전 이성을 잃지 않고 침착했어요. 전 주의가 산만해지지 않도록 몸을 돌려 루가 떨어졌던 물웅덩이 속으로 꼬리를 늘어뜨렸어요. 전 루에게 제 꼬리를 잡으면 더 휩쓸려 내려가지 않을 거라고 했어요." 이요르가 말했다.

"순발력을 발휘했네요!" 이방인이 칭찬했다.

"맞아요. 그때도 그렇게 생각했어요." 이요르가 겸손하게 말했다.

"그런데 결국 루가 두 웅덩이나 더 물살에 휩쓸려 떠내려갔지 뭐예요." 푸가 말했다.

"전 그런 줄 몰랐어요. 어쨌든 전 꼬리를 내어주느라 물웅덩이를 등지고 있었으니까요. 여러분이 모르고 있을까 봐 말해주는데, 물웅덩이를 등지고 거기에 꼬리를 내려주는 건 아주 어려운 일이에요." 이요르가 말했다.

"그건 맞아요. 아무튼 전 루가 있는 곳에서 두 웅덩이나 더 아래로 재빨리 내려가 기다란 막대기를 찾았어요. 캥거가 오더니 그 막대기의 반대쪽 끝을 잡았어요. 우린 웅덩이 얕은 곳을 가로질러 막대기의 양쪽 끝을 잡고 서로 맞은편에 서 있었죠. 결국 루가 그걸 잡고 기어 올라올 수 있었어요." 푸가 말했다.

"그렇게 해서 루가 구출된 거군요." 이방인이 말했다.

"네, 맞아요. 그런데 또 다른 일이 생겼어요. 크리스토퍼 로빈이 저한테 오더니 막대기를 어디서 찾았는지 물어보더라고요. 전 방금 찾았다고 했죠. 루를 구출하는 데 도움이 될 것 같아서 순간 집어 들었던 거거든요. '푸, 탐험은 끝났어. 네가 북극을 찾았어!'라고 크리스토퍼 로빈이 근엄하게 말하던 걸요." 푸가 말했다.

"뭐 다 좋은데, 전 아무것도 모르고 물속에 꼬리를 계속 담근 채로 있었지 뭐예요." 이요르가 말했다.

이요르는 물속에서 꼬리를 꺼내 이리저리 휘둘렀어.

"내 예상대로 감각을 전부 잃었어. 감각이 없어. 이렇게 되다니. 감각이 없어졌어. 그래 뭐, 아무도 신경 쓰지 않는데, 나도 괜찮다고 생각해야겠지."

"불쌍한 이요르. 내가 말려줄게." 크리스토퍼 로빈이 손수건을 꺼내서 이요르의 꼬리를 닦아주었어.

"고마워, 크리스토퍼 로빈. 내 꼬리를 이해하는 친구는 너밖에 없어. 쟤들은 생각이 없어. 그게 쟤들의 문제점이지. 상상력이라곤 눈곱만치도 없는 얘들이야. 쟤네한테 꼬리는 꼬리가 아니라 그냥 엉덩이에 달린 작은 장식품인 거지."

"신경 쓰지 마, 이요르." 크리스토퍼 로빈이 열심히 꼬리를 닦으며 말했어. "좀 나아졌어?"

"점점 더 꼬리에 감각이 살아 나. 다시 내 것 같아. 무슨 뜻인지 네가 알지 모르겠지만."

"그게 리더가 가진 또다른 특징이에요. 리더는 개개인을 개별적으로 대하죠. 모두를 똑같이 대하지 않아요. 꼬리가 있는 개인을 꼬리가 없는 개인과 똑같이 대하지 않는 것이죠. 그밖에 또 무슨 일이 있었나요?" 이방인이 물었다.

타멈대는 땅에다 막대기를 꽂았고 크리스토퍼 로빈은 거기에 메시지를 적어 매달았어.

북극을 푸가 발견.
푸가 북극을 찾아냈음.

"그렇게 하다니 크리스토퍼 로빈은 정말 훌륭하네요." 이방인은 그 메시지에 감탄하며 말했다. "당신도 알겠지만 푸, 그게 바로 좋은 리더라면 해야 할 일이죠. 크리스토퍼 로빈은 다른 대원들의 공로를 인정한 겁니다. 그는 탐험대의 리더였기 때문에 자신이 북극을 발견했다고 말할 수도 있었어요. 우린 자신을 돋보이게 하려는 근성이 있잖아요. 하지만 유능한 리더는 자신과 함께 일하는 사람들을 돋보이도록 하는 걸 목표로 합니다." 이방인이 말했다.

"크리스토퍼 로빈이 그렇게 해주니까 저는 제가 한 일에 자부심이 느껴지더라고요. 그래서 기분이 너무 좋아서 집에 가서 기운 나는 걸 조금 먹었지요." 푸가 말했다. 푸가 소풍 바구니를 다시 쳐다보자 이방인이 알아챘다.

이방인은 소풍 바구니 뚜껑을 열면서 다시 말을 이어갔다. "전 크리스토퍼 로빈이 무척 훌륭한 리더라고 생각해요. 우선, 그는 모두에게 해야 할 일에 흥미를 느끼도록 했어요. 그런 다음 모두가 그 일을 이해할 수 있도록 목표를 최대한 단순화해서 알려줬죠."

"피글렛 조차도 이해할 수 있게요." 푸가 뚜껑이 열린 바구니를 보면서 맞장구를 쳤다.

"그래요. 피글렛조차도 이해할 수 있게요. 그는 다른 사람들에게 기대하는 행동방식을 자신이 직접 행동으로 보여줌으로써 다른 사람들이 그렇게 행동할 수 있도록 해준 거예요. 롤 모델 역할을 한 것이죠. 그는 탐험대원들 각각을 존엄과 존중으로 대하고 그들의 건강과 행복에 관심을 기울이는 모습을 보여주었어요. 루가 개울에 빠졌던 것처럼 무슨 일이 벌어졌을 때, 그는 자신이 정말로 필요한 상황이 아니라면 일단 비켜서서 다른 대원들이 각자자신의 일을 할 수 있도록 간섭하지 않았어요. 왜냐하면 리더가 해야 할 일은 이끄는 것이지 직접 하는 것이 아니기 때문이에요. 끝으로 그는 영광을 차지할 수도 있었는데도 불구하고 푸의 공로를 인정하고 푸를 칭찬했어요." 이방인이 말했다.

"맞아요. 전 북극을 집어 들고서도 그게 북극인 줄도 몰랐어
요. 크리스토퍼 로빈은 그 사실을 알아챘을 때 자신이 북극을 발
견했다고 적당히 둘러대고 영광을 차지할 수도 있었어요." 푸가
말했다.

"하지만 그는 그러지 않았잖아요. 그게 바로 그가 좋은 리더라
는 걸 보여주는 거랍니다." 이방인이 말했다.

푸는 벌들이 사과꽃으로 만들었는지 사과 맛이 나는 유독 좋은
꿀단지에 너무 몰두한 나머지 더이상 아무 말도 하지 못했다. 대
신에 고개를 끄덕이며 크리스토퍼 로빈이 정말로 아주 좋은 리더
임을 인정했다.

6장

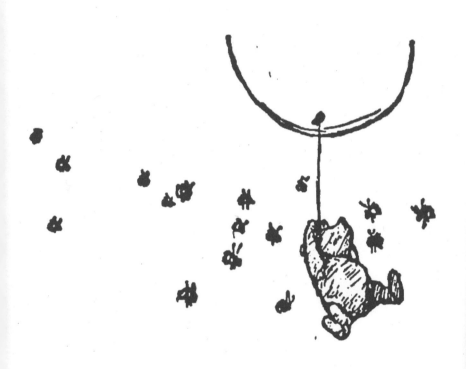

푸가
측정을
이해하고
꿀단지 관리 시스템을
만들다

푸와 피글렛이 우즐을 추적하고,
우즐은 자신의 은신처가 발각된다.
푸는 자신이 꿀단지를 몇 개나 가지고 있는지
정확하게 세는 방법을 터득한다.

•
•
•

푸는 집 안에 앉아서 꿀단지를 세고 있었다.

그날 아침 햇살이 창문 틈으로 들어와 바닥에 재미있는 무늬를 만들고 있었다. 푸는 일찍 잠에서 깨어 문득 이방인이 소풍 바구니를 들고 숲에 다녀간 지 며칠이 지났다는 생각이 들었다.

그 생각이 딱 떠오르자, 또 다른 생각이 꼬리를 물더니 바로 떠올랐다. 만약 이방인이 며칠이 지나도록 숲에 오지 않았다면, 며칠 동안 소풍 바구니도 들고 오지 않은 것이다.

푸는 침대에서 일어나 앉아 먼지 티끌이 햇빛에 춤추는 것을 지켜보았다. 이 두 가지 생각이 중요해 보였다.

"아마 뭘 좀 먹으면, 모든 게 다 또렷해질 거야." 푸가 혼자 중얼거렸다. 그는 침대에서 일어나 꿀을 넣어 둔 찬장에서 꿀단지 하나를 꺼내어 식탁에 앉아서 그 생각들에 대해서 정리해 보았다.

모두 다 아는 사실이지만 꿀을 먹으면서 중요한 생각을 하는 건 어려운 일이다. 그래서 꿀을 다 먹고 혹시 밑바닥에 꿀이 조금이라도 남아있지는 않은지 단지 속을 꼼꼼히 확인해 본 후에야 다시 그 생각들이 왜 중요한지 깨달았다.

만약 이방인이 숲에 며칠간 오지 않았다면, 앞으로도 며칠 더 오지 않을 수도 있다. 그가 오지 않는다면 소풍 바구니도 없을 것이다. 푸는 그 점이 중요했다. 소풍 바구니가 없으면 더 이상의 꿀단지도 없다는 것이니까, 푸는 자신이 직접 따야만 꿀을 먹을 수 있다. 그렇다면 지금 해야 할 일은 찬장에 꿀단지가 몇 개나 남아있는지 세어 보는 것이었다.

평상시에 푸는 딱히 특별한 이유가 없어도 이따금씩 꿀단지를 세어 보곤 했었다. 꿀단지를 세면서 "나한테는 꿀딴지가 열다섯 개가 있네" 또는 경우에 따라 "열여섯 개가 있어"라고 스스로에게 말하며 남아있는 꿀단지 개수로 위안을 삼았다.

푸는 경험을 통해 "꿀단지가 한 개 남았어"라는 말은 위안이 되지 못하며, "꿀단지가 하나도 안 남았네"라고 말하는 것은 확실히 불안감과 당혹감을 안겨준다는 것을 잘 알고 있었다. 그래서 푸는 보통 찬장에 꿀을 꽉 채우고 나서 꿀단지 개수를 세었다.

특별했던 이날 푸의 찬장에는 꿀이 꽉 차 있었다. 왜냐하면 이방인이 올 때마다 소풍 바구니에 꿀을 많이 넣어 와서는 친절하게도 푸에게 나누어주었기 때문이었다. 심지어 먹다 남은 꿀은 푸에게 집으로 가져가라고까지 했다. 그걸 먹느라 찬장에 있던 꿀은 많이 먹지 않았기 때문에 여전히 꽉 차 있었던 것이다.

찬장에 꿀이 가득 차 있지 않으면 푸는 손이 닿기 쉽게 맨 아래 칸에 꿀단지를 옮겨 두기 때문에 바로 찬장에 있는 단지가 몇 개인지 셀 수 있었다.

하지만 꿀이 꽉 찼을 때는 계산이 훨씬 더 어려웠다. 한 선반에 있는 단지를 센 다음 거기에 3을 곱했는지, 아니면 각 선반에 있는 것을 센 다음 그것들을 모두 더했는지 도통 기억이 나지 않았다. 푸는 사실 곱하기 2에만 자신 있었기 때문에 보통은 더하기로 계산을 했는데, 11에 6을 더하면 116인지 아니면 14인지 확신할 수가 없어서 그마저도 어려웠다.

가장 좋은 방법은 찬장에 꿀단지가 가득해서 세기 어려우면 모든 단지를 다 꺼내서 바닥에 일렬로 줄을 세워 놓고 세는 것이다.

그래서 푸는 의자를 가져와 그 위에 올라서서 찬장에서 꿀단지를 꺼내어 바닥으로 옮기기 시작했다.

푸는 꿀단지들을 조심스럽게 일렬로 줄 세운 다음 하나씩 세기 시작했다. 마지막 꿀단지 바로 전까지는 무척 잘 셌다. 그런데 마지막 꿀단지에 꿀이 꽉 차 있지 않았다. 푸는 꿀단지 안을 들여다보고는 꿀이 반 정도 차 있는 걸 보았다.

"골치 아프네. 꿀단지가 반 정도 가득 차 있으면 반 가득으로 세고. 반 정도 비었으면, 반이 비었다고 세면 돼지 뭐." 푸가 말했다. 마지막에 그 꿀을 먹어버리면 꿀단지가 없는 거나 마찬가지니까 문제 없을 거라고 판단했다. 그래서 푸는 그 꿀을 다 먹어버리고 단지를 비웠다.

푸가 꿀단지 세기를 마쳐갈 때쯤 문 두드리는 소리가 들렸다.

"열넷. 들어와요. 열넷. 아니 열다섯인가? 아이쿠 이런! 헷갈렸잖아요." 푸가 말했다.

"푸, 잘 지냈어요?" 이방인이 말했다.

"안녕하세요. 열넷. 맞죠?" 푸가 말했다.

"뭐가요?"

"제가 방금 세고 있던 꿀단지 숫자요."

"글쎄요. 제가 문을 열었을 때 당신이 '열다섯'이라고 하는 소리는 들었는데. 바로 그다음에 '아이쿠 이런'이라고 말했어요."

이방인이 말했다.

"아, 그랬던 것 같아요. 꿀단지들 개수를 다시 세야 할 것 같아요." 푸가 말했다.

"그 전에 제가 가져온 꿀단지 세 개를 추가하는 게 어때요? 이 꿀들은 해외 산이에요. 하나는 프랑스산, 하나는 스페인산, 하나는 이탈리아산. 어떤 게 가장 맛있는지 당신 같은 전문가가 의견을 주면 정말 고마울 거예요." 이방인이 말했다.

"이렇게 친절하시다니요. 정말 고마워요. 제가 가장 좋아하는 꿀은 벌이 직접 만들어낸 꿀이지만, 기꺼이 도와줄게요." 푸가 말했다. 그러더니 바닥에 꿀단지 세 개를 추가해 세웠다. 이미 꿀단지가 한쪽 벽에서 반대쪽까지 찼기 때문에 그는 줄을 새로 만들어 꿀단지를 놓았다. 푸는 그걸 바라보며 머리를 긁적거렸다.

"한 줄로 쭉 놓지 않으면 숫자를 세기 어려운데. 한 줄로 쭉 놓았다고 해도 꿀단지 크기가 다 제각각이라서 가끔씩 계산이 어렵곤 해요. 문제는 조그만 단지 두 개를 큰 단지 하나로 계산해야 할지……." 푸가 이방인에게 말했다.

"어떤 상황인지 알겠네요. 문제는 이런 거예요. 당신은 단지가 열다섯 개가 있다고 말하기보다 그 작은 두 단지도 각각 하나로 세서 열여섯 개라고 말하는 게 당신한테는 더 위안이 되겠죠. 하지만 먹을 때를 생각해 보면, 작은 꿀단지로는 충분하지 않잖아요. 그러면 결국 당신은 꿀단지 두 개를 먹게 되겠지요. 그러니까 단지가 열여섯 개가 아니라 열다섯 개인 셈이죠. 애초에 작은 것 두 개를 하나로 계산하는 게 더 나을 것 같은데요." 이방인이 말했다.

"그렇겠네요. 꿀단지가 더 있다고 생각하면 위로가 되긴 하지만 눈보라나 홍수 같은 비상시에는 밖에 나가서 꿀을 더 구할 수가 없거든요." 푸가 한숨을 쉬었다.

"꿀을 여유 있게 가지고 있으면 안심이 되긴 하죠." 이방인이 맞장구를 쳤다.

"가득 차지도 않고 비지도 않은 단지를 어떻게 할지도 문제였는데, 해결되었네요." 푸가 말했다.

"그거 잘됐네요." 이방인이 말했다.

"그래요." 푸가 꿀단지에 입술을 핥으며 꿈꾸듯 말했다.

"당신이 계산을 어려워하는 건 당연해요. 계산은 곧 측정이죠. 당신도 기억하겠지만 측정은 리더가 해야 할 일 중에 하나고, 일반적으로 많은 리더가 잘 수행하지 못하는 일이기도 해요." 이방인이 말했다.

"왜 그런지 그 이유를 알겠어요. 근데 그게 전 측엉인줄 알았어요." 푸가 말했다.

"아니에요. 측정이라고 해요. 기억해 봐요. 당신이 써놓은 글자

위를 지나가면서 '정'자를 지워버리는 바람에 '측엉'처럼 보였던 거예요." 이방인이 말했다.

"전 머리가 나쁜 곰이잖아요. 기억이 안 나요! 그런데 리더가 측정에 신경 써야 하는 이유가 뭘까요? 얘기해준 것 같은데 그것도 잊어버렸어요." 푸가 말했다.

"리더는 달성해야 할 목표를 세우고, 그에 맞춰 어떻게 노력할 건지 체계적으로 조직화하고, 그리고 함께 일할 사람들 개개인에게 동기부여를 한 다음 정해진 목표를 향해 어떤 일이 일어나고 있고, 어느 정도 진전이 이루어졌는지 알 수 있게 해야 해요. 리더는 기준점이나 측정값을 설정해 이런 정보를 얻을 수 있죠."

"아, 맞다. 이제 기억났어요. 사람들이 어떻게 일을 하는지 자기가 제대로 잘하고 있는지를 알지 못하면 그들이 자신의 성과를 향상시킬 수 없다고 했죠. 또한 목표 달성을 향해 잘 진행하고 있는지도 알 수가 없다고 했죠. 이요르의 말처럼 그들이 목표에 도달하고 있는지 아니면 우물가에서 숭늉 찾기 식으로 개미집 끄트머리를 가지고 '5월에 나무 열매 따러 가자' 놀이를 하는 건지 알수가 없다는 거지요." 푸가 말했다.

"그것 참 좋은 측정 기준이 없을 때의 상황을 설명하는 데에 아주 좋은 말이네요. 따라서 리더는 조직의 성과를 보여줄 뿐만 아니라 각 개인의 업무가 그 성과에 직접적으로 어떻게 기여되는지를 보여주는 측정값을 만들어서 모든 사람이 그걸 활용할 수 있도록 해야 해요. 리더는 단순히 이런 내용을 알고만 있는 것이 아니라 실제로 조치를 취하는 것이 아주 중요하죠. 푸, 리더는 측정값을 해석하고 분석해 성과를 평가하는 방법을 보여주고, 이 정보를 부하직원, 동료, 상사 등 모든 사람과 공유해야 해요. 간단히 말해 리더는 모든 사람이 이 정보를 활용해 업무가 얼마나 제대로 진척되고 있는지 확인하고 추적할 수 있도록 하는 겁니다." 이방인이 웃으며 말했다.

푸는 잠시 생각에 잠기다 입을 열었다. "피글렛과 제가 뭔가를 한 번 추적한 적이 있었는데요."

"그 얘기 좀 해줄래요? 그러면 아마 측정에 대해 좀 더 이해할 수 있을 거예요."

"그럴게요. 제가 측정을 잘 이해할 수 있을지는 모르겠지만. 도움, 뭐 그런 게 될지 어떨지 모르겠네요." 푸는 가장 편안한 의자에 앉아 말했다. 그 이야기는 이랬다.

어느 맑은 겨울날, 피글렛이 집 앞에 쌓인 눈을 치우다가 문득 고개를 들어보니 위니 더 푸가 있었어. 푸는 뭔가 골똘히 생각하면서 원을 그리며 걷고 있었지. 피글렛이 그를 불렀을 때도 그저 계속 걷기만 했어.

"안녕!" 피글렛이 인사하며 말을 걸었어. "뭐하고 있어?"

"추적." 푸가 대답했지.

"추적이 뭔데?"

"뭔가를 뒤쫓는 거." 위니 더 푸는 수수께끼마냥 말했다.

"뭘 뒤쫓는데?" 피글렛이 바짝 다가오며 말했다.

"그건 내가 묻고 싶은 거야. 나도 알고 싶어. 뭘까?"

"넌 뭐라고 대답할 것 같은데?"

"그건 잡아 봐야 알 것 같아." 푸가 대답했어.

"자, 저길 봐봐." 푸는 자기 앞에 땅을 가리키며 물었지. "뭐가 보여?"

"발자국, 동물 발자국이야." 피글렛은 흥분해서 작게 꺄~악하고 소리를 질렀어. "아, 푸. 이거 어, 우, 우, 우즐일까?"

"그럴지도. 맞을 수도 있고 아닐 수도 있어. 발자국만 가지고서는 알 수가 없으니까."

푸는 이 몇 마디 말을 하고는 계속 발자국을 따라갔고, 피글렛은 1~2분 정도 지켜보다가 그를 쫓아 달려갔어. 위니 더 푸는 갑자기 멈추더니 당황하며 발자국 위로 허리를 굽혔단다.

"무슨 일이야?" 피글렛이 물었어.

"아주 이상한 일이야." 곰이 말했지. "지금은 두 마리인 것 같아. 이게 뭔지는 모르겠지만 뭐든 다른 녀석과 만나서 지금은 그 둘이 같이 걸어가고 있어."

바로 앞에 낙엽송들이 우거진 작은 나무숲이 있었는데, 마치 두 마리의 우즐이, 그 동물이 우즐이라면, 이 작은 숲 주위를 빙 돌고 있었던 것처럼 보였어. 그래서 푸와 피글렛도 이 숲을 돌아 뒤쫓아 갔어.

갑자기 위니 더 푸가 멈춰 서더니 흥분해서 앞을 가리켰어. "봐!"

"뭔데?" 피글렛이 팔짝 뛰며 말했지. 그러고는 자신이 겁먹어서 그런 게 아니었단 걸 보여주기 위해서 운동을 했단 식으로 한두 번 팔짝팔짝 뛰어올랐다 내렸다가 했어.

"발자국이야!" 푸가 말했어. "세 번째 동물이 다른 두 녀석과 만났어!"

"푸!" 피글렛이 소리쳤어. "그게 또 다른 우즐인 것 같아?"

"아니." 푸가 대답했지. "왜냐하면 발자국 모양이 다르거든. 두 마리의 우즐과 한 마리는 위즐일 수도 있고, 아니면 두 마리가 위즐이고 한 마리가 우즐일 수도 있어. 계속해서 우리 따라가 보자."

그래서 둘은 계속 따라 갔는데, 이제는 좀 불안해졌어. 앞에 가고 있는 동물 세 마리가 사나울 수 있으니까. 그러다 갑자기 위니 더 푸가 다시 멈추더니 진정하려는 듯 코끝을 핥았어. 지금껏 살면서 이렇게 열이 나고 불안해 본 적이 없었기 때문이었지. 그 둘 앞에 동물이 네 마리나 있었던 거야!

피글렛도 코끝을 핥아 보았지만 위로는커녕 아무 도움도 되지 않는다는 걸 알았지. "생각해 보니까 말이야. 나 방금 뭐가 기억난 것 같아. 어제 하는 걸 깜빡 잊은 게 지금 막 기억났는데, 그게 내일은 할 수 없는 일이라서 난 이만 돌아가서 바로 그 일을 해야 할 것 같아."

"그래서 당신 혼자 우즐들을 추적해야 했군요." 이방인이 말했다.

"그렇지는 않았어요." 푸가 대꾸했다.

푸는 하늘을 쳐다봤어. 그때 휘파람 소리가 들려서 커다란 떡갈나무 가지 사이를 쳐다봤지. 그랬더니 거기에 그의 친구가 앉아 있는 거야.

"크리스토퍼 로빈이다." 푸가 말했지.

크리스토퍼 로빈이 천천히 나무에서 내려왔어.

"이런 바보 같은 곰이라니." 그가 말했어. "너 대체 뭐 하고 있는 거야? 처음에는 혼자 작은 숲을 두 바퀴나 돌더니 나중에는 피글렛이 쫓아 와서 둘이 함께 돌고, 그러더니 이젠 네 바퀴째 돌고 있잖아."

"잠깐만." 푸가 말하더니 자기 앞발을 들었어. 푸는 자리에 앉아서 곰곰이 생각했어. 할 수 있는 한 주의 깊게 생각했지. 그러더니 바닥에 있는 발자국 중 하나에 자기 발을 맞혀 보았단다. 그러고는 곧 코를 두 번 긁적이다 일어났지.

"그래." 위니 더 푸는 말했어.

"이제 알겠네."

"내가 바보같이 속았네. 난 뇌라고는 없는 곰이야."

"넌 이 세상에서 가장 멋진 곰이야." 크리스토퍼 로빈이 달래듯 말했지.

"제가 볼 땐 실수할 수 있는 일이에요." 이방인이 말했다.

"정말요?" 푸는 표정이 밝아지며 말했다. "뭐 어쨌든 그게 추적 이야기의 끝이에요. 측정 설명에 도움이 되나요?"

"그럼요. 당신 이야기는 많은 리더 및 관리자 그리고 직원들이 받는 정보의 많은 부분을 설명할 때 꼭 필요한 부분을 알려주고 있어요." 이방인이 말했다.

"당신도 알겠지만 푸, 측정을 고려할 때 리더가 해야 할 첫 번째 질문은 이거랍니다. 나와 다른 관련자들이 업무를 효과적으로 수행하기 위해서 어떤 정보가 필요한가? 그건 우리의 노력을 우리가 통제할 수 있는 원하는 결과로 향하게 하는 측정과 정보여야 합니다." 이방인이 말했다.

"무슨 말인지 알겠어요. 만약 꿀단지에 꿀을 가득 채우는 업무를 한다면, 각 단지에 몇 번을 '엉('측엉'의 엉 - 옮긴이주)'해서 꿀을 넣어야 하는지에 대한 정보를 얻는 것은 아무 소용이 없다는 거잖아요." 푸가 말했다.

"정확해요. 아직도 많은 조직에서 리더나 관리자가 받는 측정과 정보가 그와 비슷해요. 당신과 피글렛이 우즐을 추적했던 것처럼요. 동물 발자국에서 얻은 정보는 당신들을 계속 뱅뱅 돌게만 했잖아요. 정말 아무 의미도 없었죠. 당신의 모험을 기념해 그런 정보를 '우즐 측정'이라고 부릅시다." 이방인이 말했다.

푸는 자신의 모험을 기념해 이름을 지었다는 것을 스스로 상기하기 위해서 몇 번이나 혼자 "우즐 측정"이라고 되뇌며 말했다. 그는 그 단어의 발음이 상당히 마음에 들었다. 확실히 자신이 한 모험 중의 하나를 기념해 이름을 짓는다는 건 그만큼 자신이 아주 중요한 곰이 되기 직전이라는 것을 의미하기도 한다.

"또한 리더는 자신이 설정한 측정값이나 기준이 의미가 있는지 확인해야 하고, 그리고 자신과 다른 사람들이 정말로 알아야 할 정보를 측정하고 제공해야 해요. '우즐 측정'이 되어서는 안 됩니다. 예를 들어, 많은 공장에서 한 부서의 리더는 공장 전체의 품질 관리 결과나 생산 수치를 받을 수 있어요. 하지만 부서의 리더가 관리하는 직원들은 아무 정보도 얻지 못하죠. 직원들이 실제로 필요로 하는 건 그 리더의 책임 하에 있는 품질과 생산 영역에서 어떤 일이 일어나고 있는지 보여주는 수치나 측정값을 아는 거예요." 이방인이 말했다.

"왜 리더가 공장 전체의 품질 관리 결과나 생산 수치와 같은 우즐 측정값을 받나요?" 푸가 물었다.

"이유가 단순할 수도 있는데 특정 측정값이 이미 수집되고 있기 때문이에요. 그리고 리더는 항상 그래 왔기 때문에 이를 받아들이는 경우가 많죠. 종종 이런 측정값은 회계팀의 필요에 따라 그 팀에서 설정하는데, 이때의 수치는 리더나 직원들이 알아야 하는 것과는 매우 다를 수도 있어요. 사실 대개는 매우 다르죠. 리더나 관련자가 뭔가 다른 수치를 요청하잖아요? 그러면 제공된 그 수치가 전임자에게 충분했으니까 마찬가지로 지금도 충분할 거라고 하거나 아니면 컴퓨터나 시스템 문제로 그게 안 될 거라거나, 또는 리더나 관련자만을 위해 그 수치를 측정해주기에는 돈이 너무 많이 든다는 말을 자주 듣게 되죠. 하지만 리더는 이를 받아들여서는 안 돼요. 스스로 '나와 내가 책임지고 있는 사람들이 업무를 제대로 수행하기 위해서 정말로 받아야 하는 정보는 어떤 종류의 정보인가?'하고 스스로에게 물어봐야 해요. 일단 리더는 정보의 종류를 결정했으면 어디서 어떻게 그 정보를 얻고, 그리고 그 정보가 어떤 형태여야 하는지를 알아낼 수 있어야 해요." 이방인이 설명했다.

"하지만 회계팀이 여전히 그 정보를 주지 않는다면요?" 푸가 물었다.

"끈질기게 요청한다면 회계팀을 설득할 수 있어요. 하지만 그래도 안 된다면 최후의 수단으로, 그 리더 스스로 직접 정보를 수집해야죠. 어쨌든 리더는 그 정보가 없으면 제대로 일을 할 수가 없어요. 일을 훌륭히 잘 해내려면 반드시 그 정보가 있어야 하죠. 직원들도 마찬가지고요. 정보를 얻는 일이 어렵다고 해서 그냥 넘어가는 건 직원들에게도 리더 자신에게도 부당한 일입니다."

이방인이 말했다.

"이해했어요. 측정에 대한 다른 규칙은 없나요? 전 규칙이 있는게 좋아요. 규칙이 있으면 마음이 편하거든요." 푸가 말했다.

"자, 측정값은 가능한 한 경제적으로 수집할 수 있어야 해요. 가능한 한 단순하게 유지해야 하고요. 데이터 처리와 컴퓨터를 이용하면 엄청난 양의 수치를 생성하고 싶은 유혹에 빠지기 쉽습니다. 정보는 보고서 어딘가에 있을지 모르지만, 사람들은 시간을 들여 그 정보를 찾으려 들지 않을 겁니다. 그래서 따라야 할 좋은 원칙은 예외로 두고, 예상에서 벗어난 경우에만 측정값을 표시하는 거예요. 이렇게 하면 완벽하게 만족스러운 측정값을 보는 데 시간을 낭비하지 않고, 조치가 필요한 수치만 쉽게 눈에 띄게 돼요. 표나 그래프 역시 도움이 되죠. 또 하나, 측정은 시의성이 있어야 합니다. 오늘 필요한 조치인데, 다음 주에 그 측정값을 받는다면 별 소용이 없겠죠. 마지막으로 측정에 대한 가장 중요한 규칙이 남아있어요." 이방인이 말했다.

"그게 뭔데요?" 푸는 마치 단단히 기억해 두겠다는 듯 똑바로 앉아서 물었다.

"측정은 리더가 자기관리를 하는 데 사용되도록 설정되어야 해요. 만약 사람들을 통제하고 지시하는 데 사용되거나 남용된다면 실효성이 크게 떨어질 겁니다. 이건 자주 일어나는 상황이에요.

훌륭한 리더가 되고 싶다면 이런 상황을 반드시 경계해야 해요. 실제로 대부분의 리더가 성과 측정에서 가장 취약한 부분이 바로 이 부분이죠." 이방인이 말했다.

"저도 꼭 기억할게요. 그리고 '어떻게' 측정해야 하는지 그 '방법'에 대해 좀 더 잘 이해하게 된 것 같아요. 그래서 말인데요, 제가 제대로 하는지 확인할 겸 저와 함께 꿀을 측정해 볼래요?" 푸가 말했다.

"그거 아주 좋은 생각이네요." 이방인이 말했다.

푸는 꿀이 바닥나기 전에 더 많은 꿀을 얻으려면 먼저 찬장에 꿀단지가 몇 개가 있어야 하는지 알아야 한다고 생각했다. 바로 일곱 단지였다. 푸는 매일 꿀 한 단지씩을 즐겨 먹는다. 그렇다면 일주일 내에 꿀을 채워 넣어야 한다는 말이다. 다행히 푸는 항상 일주일 내에 더 많은 꿀을 모을 수 있었다.

그런 다음 푸는 현재 꿀단지가 몇 개나 있는지 세서 정확하게 남아있는 개수를 알아냈다. 두 개의 작은 단지는 하나로 치고, 이방인이 가져온 세 개를 포함하니까 총 열여덟 단지였다.

푸는 일곱 개의 꿀단지를 찬장 첫 번째 칸에 넣으면서 이방인에게 설명했다. 찬장 아래 두 칸에 있는 꿀을 모두 다 먹었을 때가 밖에 나가서 꿀을 더 찾아야 할 때라는 걸 알게 될 거라고 말했다.

이방인은 아주 좋은 꿀딴지 관리 시스템이라 생각한다고 말해

주었다. 물론, 이 시스템이 어떤 측정에 사용되어야 하는지도 말했다. "어떤 측정값이나 보고서 또는 데이터를 통해 얻은 수치를 보고도 아무런 조치가 없다면, 그런 정보들이 무슨 소용이 있을까요?"

"알려줘서 고마워요. 이건 좋은 시스템인 것 같아요. 측정에 대해서 알게 되니까 훨씬 덜 혼란스러워요. 그리고 이제 꿀단지를 제대로 측정하고 정리했으니, 저기 소풍 바구니를 탁자 위로 가져올까요?" 푸가 말했다.

7장

푸와 아울이
이방인과 함께
사람을
성장시키는 것에 대해
이야기하다

푸, 아울, 이방인은 숲속의 다른 친구들에 대해 이야기하며
사람들을 성장시키는 법을 배우고,
티거가 통통 뛰어다니지 못하게 한다.

"내 생각에는 두 부분이 있는 것 같아." 푸가 말했다.

"틀림없이 그래. 조금만 관찰해도 첫 문장이 있고 마지막 문장이 있다는 걸 알 수 있어." 아울이 말했다.

"아, 난 두 부분이 있다고 생각했어." 푸가 말했다.

"내 말이 그 말이야." 아울이 품위 있게 대꾸했다.

"그렇구나. 틀림엄씨(푸가 '틀림없이'를 이렇게 들음 - 옮긴이주)란 말 때문에 내가 헷갈린 것 같아." 푸가 말했다.

푸는 네 번째 원칙인 사람을 성장시키는 일에 대해 이방인의 이야기를 함께 듣고자 아울을 집으로 초대했다. 푸는 리더가 해야 할 일 중에서 다른 어떤 것보다도 그 네 번째 원칙에 대해 아는 것이 적다고 느꼈다, 그래서 아울이 함께 있으면 도움이 될 것이라 생각했다.

아울은 해가 너무 밝지 않을 때 나는 것을 정말 좋아했기 때문에 아침 식사 시간에 맞춰 백 에이커 숲에서 날아왔다. 그걸 아는 푸는 아울이 가장 좋아하는 아침 식사를 준비하고 아울을 맞았다.

푸는 아울과 식사를 마친 후 함께 이방인을 기다리면서 사람을 성장시킨다는 의미가 무엇인지 아울에게 이야기해주었다.

"이방인이 그러는데, 좋은 리더는 구성원들의 성장과 발전을 돕고 자기 자신과 리더로서의 성과를 향상시키기 위해 체계적으로 노력한대." 푸가 말했다.

아울은 원래부터 알고 있었다는 듯이 고개를 주의 깊게 끄덕였지만, 사실은 그렇지 않았다.

푸와 아울이 리더의 네 번째 원칙이 두 가지 부분이라고 막 결론을 내리고 있는데, 이방인이 초인종을 눌렀다. 아울은 이방인과 초면이라 푸는 그 둘을 친절하게 소개했다.

푸는 크리스토퍼 로빈에게서 '예의' 뭐 그런 것에 대해 배우고 있었기 때문이다. 예의는 나이가 더 많은 사람을 돕고 정중히 감사 인사를 한다는 뜻이고, 물론 소개도 제대로 해야 한다는 뜻이라고 했다.

"오늘 와주셔서 너무 기쁩니다. 푸에게서 경영 이론에 대해 들었는데 그에 대한 당신의 이해력에 깊은 인상을 받았습니다. 오늘 토론에서도 당신이 분명 할 말이 있으리라 생각합니다." 이방인이 아울에게 말했다.

"고마워요. 최선을 다하고는 있지만 이곳 숲에서는 중요한 문제에 대해 지적인 토론을 할 수 있는 기회가 다소 제한적인 경향이 있답니다." 아울이 말했다.

아울은 애석한 듯 머리를 좌우로 흔들었다. 그는 머리를 거의 삼백육십 도로 돌릴 수 있었는데, 처음에는 오른쪽 어깨 너머로, 그다음에는 왼쪽 어깨 너머로 보고 있는 것처럼 보여서 그 모습이 무척 인상적이었다.

"우리는 이미 사람을 성장시키는 것에는 두 가지 부분이 있다고 결론을 내렸어요. 아울도 틀림엄씨 그렇다고 했어요." 푸가 말했다.

"틀림엄씨가 아니라 틀림없이야." 아울이 단호하게 말했다.

"아, 깜박했네. 가끔 전 긴 단어가 어렵더라고요. '혼란스럽다'랑 '타멈' 같은 단어들은 그렇지 않지만." 푸가 코를 찡그리며 머리를 긁적이더니 말했다. "대체로 전 X가 들어간 긴 단어들이 그나마 덜 어려워요. 어쩐지 기억하기가 더 쉽거든요."

"그런 줄 알았으면, 내가 X가 들어간 단어를 사용했을 텐데. '이

174

경우에 정상 참작할Extenuating 만한 정황이 부족하다'라고 말할 수도 있었거든." 아울이 말했다.

"리더의 네 번째 원칙에는 두 가지 부분이 있다는 말은 정확히 맞아요. 그것들에 대해 따로 이야기해야 할 것 같네요." 이방인이 말했다.

"그렇게 하면 저희가 헷갈리지 않죠." 푸가 말했다.

"그래요. 비록 목표는 같아도 리더가 구성원을 육성하는 방식과 리더 자신의 성과를 개선하는 방식은 사뭇 달라요." 이방인이 말했다.

"제 생각엔 우리가 지적인 토론을 하려면 사람을 성장시키는 데 있어 목표가 무엇인지부터 말해야 할 것 같은데요." 아울이 말했다.

"훌륭한 지적입니다. 목표는 개인이 자신의 재능과 능력을 최대한 개발해 조직에서 효과적으로 일할 수 있도록 하는 것이어야 합니다. 이상적으로는 이러한 재능과 능력의 한계 내에서 개인의 바람대로 탁월한 성과를 달성하는 것이 목표입니다." 이방인이 말했다.

"그렇군요. 그럼 이제 구성원을 성장 발전시키기 위해서 리더가 어떤 일을 해야 하는지부터 시작해 볼까요? 알아두면 좋을 것 같아요. 예를 들어, 여기 숲에는 어느 정도 성장 발전을 견딜 수 있을 만한 친구들이 몇몇 있거든요." 아울이 말했다. 그러더니 자신이 느끼기에 어느 정도 성장 발전을 견딜 수 있을 것 같은 친구들의 이름을 댔다.

"유감이지만 당신이 생각하는 성장과 우리가 말하는 성장은 다른 것 같습니다. 리더는 사람들을 변화시키거나 그들의 기본적인 성향을 바꾸려고 하지 않아요. 애초에 그렇게 할 수 있을 만큼 사람들에 대해 충분히 알지 못한다고 생각합니다. 둘째, 그건 사람들을 교묘히 조정하는 것이고 부도덕할 수 있기 때문에 크게 사람들의 분노를 살 겁니다." 이방인이 껄껄 웃으며 말했다.

"그래도 일부는 그 과정에서 이익을 얻을 수도 있잖아요." 아울이 말했다.

"물론 그럴 수도 있죠. 하지만 우리가 어떤 식으로든 성격을 바꿀 수 있다 쳐도 그 사람은 같은 사람이 아닐 겁니다. 예를 들어, 이요르를 어떻게 설명하겠습니까?" 이방인이 물었다.

"이요르는 말과에 속하는 네 발 달린 동물이지만 더 작으며, 긴 귀와 끝에는 술이 달린 꼬리를 가지고 있지요. 그리고 우울증, 비관주의, 그리고 이따금씩 잠재된 편집증적 신경증 증상이라는 심리적 징후를 보입니다." 아울이 말했다.

"이요르는 거의 언제나 우울하고 슬픈 당나귀예요. 우울하고 슬픈 감정들 때문에 자신이 문제를 일으킨다고 생각하죠." 푸가 말했다.

"푸, 내 말이 그 말이잖아." 아울이 단호하게 말했다.

"아, 어쨌든 이요르는 그냥 이요르야." 푸가 말했다.

"잠깐만, 우리가 이요르를 티거처럼 통통 뛰어다니고 긍정적인 성격으로 바꿀 수 있다고 생각해 봅시다. 이 점에 대해선 어떻게 생각하나요?" 이방인이 물었다.

"이요르 모습을 하고 티거처럼 행동하는 누군가를 보게 되겠죠." 아울이 말했다.

"그건 이요르가 아니예요. 전 그를 좋아하지 않을 것 같아요. 더군다나 이 정도 규모의 숲에서 통통 뛰어다니는 것은 티거 하나면 충분해요. 사실, 때로는 너무 심하게 뛰어다닐 때도 있어요. 우리가 한번은 티거를 못 뛰게 하려고 했던 적도 있을 정도였으니까요." 푸가 천천히 말했다.

"정말요? 무슨 일이 있었는데요?" 이방인이 물었다.

"그러니까……." 푸가 회상하며 말했다.

어느 날 래빗과 피글렛이 푸의 집 대문 앞에 앉아서 래빗이 하는 이야기를 듣고 있었어. 푸는 그들 곁에 앉아 있었지. 그날은 나른한 여름 오후였어. 숲은 온통 평온한 소리로 가득했는데, 모두 푸에게 "래빗의 이야기

를 듣지 말고 나한테 귀를 기울여"라고 말하는 것 같았지. 그래서 푸는
편안하게 자세를 잡고 앉아 래빗의 이야기를 듣지 않았지. 그러곤 중간
중간 한 번씩 눈을 뜨면서 "아!" 하고 말하고는 다시 눈을 감고 "맞아"하
고 말했어. 래빗은 말하는 도중에 중간중간 엄청 진지하게 "무슨 말인지
알 거야, 피글렛"하고 말했고, 피글렛은 그렇다는 것을 보여주기 위해서
열심히 고개를 끄덕였어.

래빗이 마침내 이야기를 마쳤어. "사실, 티거가 요즘 너무 통통 뛰어다
녀. 우리가 티거한테 교훈을 주어야 할 때가 온 것 같아. 그렇게 생각하
지 않아, 피글렛?"

피글렛은 티거가 엄청 통통 뛰어다니며 그를 뛰어다니지 못하게 할 방법을 생각할 수 있다면, 그건 아주 좋은 방법일 것 같다고 말했어.

"자, 나한테 좋은 생각이 있어." 래빗이 말했어. "들어봐. 우리가 티거를 데리고 긴 탐험을 떠나는 거야. 티거가 한 번도 가본 적 없는 곳으로 가는 거지. 거기서 그를 잃어버린 다음, 그다음 날 아침에 다시 우리가 그를 찾는 거야. 그리고 이게 중요한 건데 그러면 티거는 이전과는 완전히 다른 티거가 되어 있을 거야."

"왜?" 푸가 물었다.

"왜냐하면 겸손한 티거가 되어 있을 테니까. 슬픈 티거, 우울한 티거, 기가 죽은 가엾은 티거, '오……래빗……너를……보게……돼서……기뻐' 하는 티거가 되어 있을 테니 말이야. 그게 이유야."

"나랑 피글렛을 보고도 기뻐할까?"

"당연하지."

"그거 좋네." 푸가 말했지.

"난 티거가 계속 슬픈 티거로 지내는 건 싫을 것 같은데." 피글렛이 갸우뚱하며 말했어.

"티거들은 절대 슬픈 채로 계속 지내지 않아. 빛의 속도로 슬픔을 이겨내거든. 좀 확실히 해두려고 내가 아울한테도 물어봤는데, 티커들은 항상 그렇게 빨리 슬픔을 이겨낸다고 하더라고. 그런데 우리가 티거를

단 오 분만이라도 기가 죽고 슬픔을 느끼게 할 수 있다면, 우린 정말로

좋은 일을 하게 되는 거야."

"그래서 래빗의 계획대로 티거를 변화시키기로 했나요?" 이방

인이 물었다.

"네. 바로 다음날에요." 푸가 말했다.

다음날은 완전히 다른 날이었어. 덥고 화창한 것이 아니라 춥고 안개가

자욱했어. 푸는 아무 상관이 없었지만, 춥고 안개 긴 날에 벌들이 꿀을

만들지 못할 걸 생각하면 항상 벌들이 안쓰럽게 느껴졌어. 피글렛이 데

리러 왔을 때 푸가 그에게 그렇게 말했고, 피글렛은 그런 생각은 많이 해

보지는 않았지만, 숲 꼭대기에서 하루 종일 길을 잃고 밤을 지샌다면 얼

마나 춥고 비참할지에 대해서는 생각해 봤다고 말했어. 하지만 그와 푸

가 래빗의 집에 도착했을 때 래빗은 그들한테 딱 좋은 날이라고 했지. 왜

냐하면 티거는 늘 남들보다 앞서서 뛰니까 시야에서 티거가 사라지자

마자 그들이 잽싸게 다른 방향으로 가버리면, 티거가 절대 그들을 다시

볼 수 없을 거라는 거였지.

"절대는 아니잖아?" 피글렛이 말했어.

"음, 우리가 티거를 다시 찾을 때까지는 그렇단 거지, 피글렛. 내일이 됐든 아니면 언제가 됐든 말이야. 자, 어서 가자. 티거가 우리를 기다리고 있어."

그렇게 그들은 길을 떠났어. 처음에는 푸, 래빗, 피글렛이 함께 걸었고, 티거는 그 주변을 둥글게 돌며 뛰어갔어. 그러다 길이 좀 좁아졌을 때는 래빗과 피글렛, 푸가 차례로 걸어갔고, 티거는 길쭉한 타원형으로 그들의 주변을 돌며 뛰었지. 곧 길 양옆으로 가시로 뒤덮인 가시덤불이 나오자 티거는 그들 앞에서 오르락내리락 뛰며 래빗에게 뛰어들기도 했다가 말다가 했어. 그들이 더 높은 곳으로 올라갈수록 안개가 짙어졌고 티거는 계속 시야에서 사라졌어. 그렇게 사라졌다 싶으면 다시 제 자리로 와서는, "어서 빨리 와"라고 말했고, 뭐라고 말하기도 전에 다시 사라졌지.

래빗은 뒤를 돌아서 피글렛을 쿡 찔렀어. "다음이야. 푸한테 전달해."

"다음이야." 피글렛이 푸한테 말했지.

"뭐가 다음이야?" 푸가 피글렛에게 물었어.

티거가 갑자기 나타나더니 래빗에게 뛰어들었다가 다시 사라졌어. "지금이야!" 래빗이 외쳤어. 그는 길옆 수풀 사이로 뛰어 들어갔고, 푸와 피글렛도 그를 따라 뛰어들었어. 그들은 거기서 웅크리고 앉아 귀를 기울였단다.

숲은 멈춰 서서 가만히 귀를 기울이면 정말이지 고요해. 그 셋은 아무 것도 볼 수도 들을 수도 없었어. 잠시 고요했다가 티거가 타닥타닥하며 멀어지는 소리가 다시 들렸어. 그들은 거의 무섭게 느껴질 정도로 숲이 고요해질 때까지 조금 더 기다렸어. 그러다가 숲이 너무 고요해져서 겁 이 날 때쯤, 래빗이 일어나서 기지개를 켰어.

"자 봐, 됐지! 내가 말한 대로 됐어." 그가 자랑스럽게 속삭였어.

"그래서 티거가 길을 잃게 되었군요." 이방인이 말했다.

"꼭 그랬던 건 아니에요. 우리가 티거들에 대해 몰랐던 재미있는 사실이 하나 있었는데 걔네는 절대 길을 잃지 않아요. 아무도 이유는 모르는데 걔네는 그냥 그렇대요. 그래서 티거는 우리가 안 보이니까 캥거의 집으로 곧바로 되돌아가서 루랑 놀기 시작했어요. 둘이서 솔방울을 서로한테 던지는 놀이를 했다고 하더라고요." 푸가 말하다가 멈췄다. 그러더니 다시 말했다. "그 둘이 뭘 하고 있었는지 당신이 궁금해 할까 봐서요."

"그래서 너랑 피글렛, 그리고 래빗이 돌아와서 캥거의 집에서 티거를 발견한 거구나." 아울이 푸에게 말했다.

"사실 그건 아니야. 그 뒤에 좀 더 이야기가 있어." 푸가 아울에게 말했다.

"사실은 어쩐지 우리가 길을 잘못 든 것 같아." 래빗이 말했어.

그들은 숲 맨 꼭대기에 있는 작은 모래 구덩이에서 쉬고 있었어. 푸는 거기가 좀 지겨워졌고, 그 모래 구덩이가 자신들을 따라다니는 것 같은 의심이 들었어. 왜냐하면 그들이 어느 길로 출발하든지 간에 끝에는 항상 그 모래 구덩이로 돌아왔기 때문이야. 안개 사이로 그 모래 구덩이가 나타날 때마다 래빗이 의기양양하게 말했어. "이제 여기가 어딘지 알겠어!" 뒤이어 푸도 침울하게 말했어. "나도 알겠어." 피글렛은 아무 말도 하지 않았지. 뭐라도 말할 걸 생각해 보려 애를 썼지만, 피글렛이 생각할

수 있는 말이라곤 "도와줘요, 도와줘!" 뿐이었거든. 그리고 푸와 래빗이

자기 옆에 있는데, 그 말을 하는 게 바보 같아 보였거든.

아무도 래빗에게 기분 좋은 산책을 시켜줘서 고맙다는 말을 건네지

않고 긴 정적만 흐르자, 래빗이 말했어. "음, 계속 가는 게 좋겠어. 어느

쪽으로 가 볼까?"

푸가 천천히 말했어. "이 구덩이가 보이지 않을 때 바로 다시 이 구덩

이를 찾아보면 어떨까?"

"그렇게 하면 뭐가 좋은데?" 래빗이 말했어.

"글쎄. 우리가 계속 집을 찾고 있지만 찾지 못하고 있잖아. 그래서 내

생각엔 우리가 이 구덩이를 찾으면, 확실히 이 구덩이를 찾지 못할 거고,

그건 좋은 일이 될 거야. 왜냐하면 그렇게 되면 우리가 찾고 있던 게 아

닌 뭔가를 발견할지도 모르고, 그것이 정말로 우리가 찾고 있던 바로 그

것일 수도 있으니까 말이야."

"그래서 여러분들이 길을 잃었군요." 이방인이 말했다.

"글쎄 우린 우리가 있는 곳을 알고 있었어요. 누군가 자신의 위

치를 안다면, 아주 길을 잃었다고 말할 수는 없는 것 같아요. 우린

집을 못 찾았을 뿐이었거든요." 푸가 말했다.

"네가 지금 여기 있다는 건 결국 집을 찾았다는 거네." 아울이

푸에게 말했다.

"그렇긴 한데, 크리스토퍼 로빈이 피글렛과 나를 찾아서 우리 집에 데려다줬어. 그러고 나서 우린 다 같이 뭘 좀 먹었지." 푸가 말했다.

"그래서 래빗은 어떻게 됐나요?" 이방인이 물었다.

"래빗은 우리랑 헤어지고 나서 길을 잃었지만, 우린 걱정하지 않았어요. 크리스토퍼 로빈이 티거가 우리 모두를 찾고 있으니까 래빗을 찾을 거라고 말해줬거든요." 푸가 말했다.

티거는 래빗이 들을 수 있도록 시끌벅적한 소리를 내며 숲 여기저기를 바삐 돌아다녔어. 그리고 마침내 아주 기가 죽은 가엾은 래빗이 그 소리를 들었지. 그리고 그 소리가 나는 곳을 향해 안개 속을 냅다 달렸어. 달리다 보니 그 소리는 어느 순간 티거로 변했지. 친절한 티거, 멋진 티거, 크고 도움이 되는 티거, 티거라면 당연히 통통 뛰어야 하는 그런 아름다운 방식으로 뛰어오르는 티거로 말이야. "오, 티거, 너를 보니 기뻐." 래빗이 소리쳤어.

"그럼 그 모험은 해피엔딩이었네요. 하지만 티거는 변한 게 없잖아요. 여전히 통통 뛰어다녔으니까요." 이방인이 말했다.

"맞아요. 근데 그 뒤로는 아무도 신경을 쓰지 않았어요. 특히 래 빗이 그랬죠." 푸가 대꾸했다.

"앞에서도 말했지만, 누군가를 변화시킨다는 것은 엄청 어려운 일이에요. 게다가, 설령 우리가 누군가를 변화시켰다 하더라도, 우리는 예전의 그 모습을 더 좋아할 수도 있어요. 당신 이야기처 럼요." 이방인이 말했다.

"하지만 변화시킬 수 없다면, 리더는 사람들을 성장 발전시켜 야 하는 책임을 어떻게 수행할 수 있을까요?" 아울이 물었다.

"그게 리더의 원칙에서 재미있는 점입니다. 아시다시피 리더는 직접적으로 사람들을 성장 발전시킬 수는 없습니다. 그럴 수가 없죠. 불가능한 일이죠. 리더가 할 수 있는 일은 구성원들이 스스 로 성장 발전하도록 격려하는 환경을 제공하는 것뿐입니다." 이 방인이 말했다.

"어떻게 그렇게 할 수 있는지 그 '방법'이 어렵네요. 지금까지 말한 '방법' 중에 이게 가장 어려운 것 같은데요. 리더는 사람들을 성장 발전시켜야 하는데, 사람들을 성장 발전시킬 수 없다는 거 잖아요." 푸가 천천히 고개를 가로저으며 말했다.

"리더가 직접적으로 그렇게 할 수는 없지만, 간접적으로 할 수 있는 건 많아요. 우선 구성원들에 대해 알아야 해요. 그들과 같이 대화를 나누고 그들을 지켜보며 무엇보다 그들의 이야기에 귀를 기울여야 해요. 그렇게 하면 구성원들의 강점과 약점에 대해서 알게 될 겁니다. 리더가 구성원에 대해 그런 것들을 파악하게 되면, 구성원 개개인과 일하기 시작할 수 있어요. 예를 들어, 각 구성원들의 강점을 파악해서 그들이 좋은 성과를 낼 수 있도록 그에 맞는 업무를 배정하고 리더의 업무 중 일부를 위임할 수가 있지요. 그 과정에서 그들의 약점이 드러나게 될 겁니다. 그러니 실수도 하겠지요. 하지만 이것은 대단히 중요한 부분인데, 리더는 실수는 학습 경험의 자연스러운 부분이라는 점에 주목하면서 구성원의 강점을 부각하고 실수를 긍정적인 시각으로 바라봐야 합니다. 이러한 환경에서 일하는 사람들은 약점을 고치고 싶어 하고, 그러기 위해 더 열심히 노력할 거예요. 중요한 것은 외부에서 강요하는 것이 아니라 스스로 노력한다는 점이죠. 누군가 자신의 약점을 계속 지적하는 것을 좋아하는 사람은 아무도 없으니까요." 이방인이 설명했다.

"리더가 또 뭘 할 수 있을까요?" 푸가 물었다.

"리더는 신중하게 구성원을 선발하고 그들의 욕구를 충족하고 재능, 경험, 능력에 맞는 업무를 부여해야 해요. 또한 구성원들이 기술을 숙달하고 강화하기 위해 적절한 교육을 받기를 희망한다면 적합한 교육을 제공할 수 있어야 합니다. 무엇보다도 리더는 그들을 내버려 둬야 해요. 그들이 스스로 일을 해나갈 수 있도록이요. 안내하고 도와주되, 그들 위에 앉아 감시하거나 숨 막히게

억눌러서는 안 됩니다." 이방인이 말했다.

"제가 한 번 피글렛 위에 앉은 적이 있었는데. 사고였어요. 피글렛은 크게 신경 쓰지 않았지만요." 푸가 말했다.

"거의 신경 쓰지 않았지." 아울이 푸에게 말했다.

"바로 그거예요. 우리 중에 일일이 감시당하고 싶은 사람은 거의 없어요. 리더는 구성원이 도움을 요청하지 않는 한 그들이 알아서 하도록 내버려 둬야 해요. 그렇게 해서 그들을 신뢰하고 그들을 유능하고 성숙한 사람이라고 생각하고 있음을 보여주어야 해요. 물론 모든 사람이 이에 반응하지는 않겠지만 충분히 구성원들이 매우 효과적으로 운영이 가능할 정도로 호의적으로 반응할 거예요. 리더의 목표는 구성원 개개인이 자신의 재능과 능력의 한계 내에서 탁월한 성과를 내는 것임을 기억해야 해요. 일단 리더가 그 탁월한 성과가 목표라는 것을 명확히 하면 구성원은 스스로 이를 위해 노력할 겁니다. 모든 사람은 승자가 되고 싶어 하고 이에 도전하는 걸 좋아하죠. 물론 성취할 수 있는 도전에 한해서 말입니다." 이방인이 말했다.

"더 할 얘기가 있을까요? 괜찮다면 이제 점심 먹을까요?" 푸가 말했다.

"한 가지 더 강조하고 싶은 이야기가 있어요. 사람을 성장시키는 원칙에 대한 정의에서 핵심 단어는 '체계적으로'입니다. 리더는 구성원 개인의 성장과 발전을 장려하는 환경이나 분위기를 조성해 목표를 달성하려고 노력하죠. 그러므로 이러한 노력은 일관되고 지속적으로 이루어져야 해요." 이방인이 덧붙였다.

"무슨 말인지 알겠어요. 만약 리더의 노력이 이랬다저랬다 산발적이면 유기체, 즉 개인의 발전을 둘러싸고 영향을 미치는 일관된 조건이라는 개념이 사라지고 변덕스럽고 불확실한 분위기가 조성되겠군요. 그러면 구성원들이 혼란스러워질 거고요." 아울이 말했다.

"무슨 말이야?" 푸가 아울에게 물었다.

"정확해요. 아울." 이방인이 아울이 한 말에 대해 잠시 생각해 보더니 드디어 입을 열었다. "성장과 발전은 오랜 기간에 걸쳐 이루어지는 과정입니다. 구성원은 그 기간이 끝나면 자신의 노력이 보상받을 수 있다는 걸 알아야 합니다. 이를 위한 환경은 신뢰할 수 있는 안정적인 환경이어야 하고요. 그리고 보상에 대해 말하자면, 리더는 구성원 개개인이 그들의 재능과 능력 면에서 일을 잘할 때 가급적 공개적으로 그들을 칭찬해야 해요. 지위 향상과 승진은 비교적 드물지만, 누군가가 일을 잘했다고 축하할 기회는 거의 매일 있습니다. 리더는 모든 기회를 포착해야 해요. 칭찬은 성장에 대한 의지를 강화하고 개인을 격려합니다." 이방인이 말했다.

"그럼 리더는요? 리더 자신도 성장하고 자신의 성과를 향상시켜야 하잖아요." 푸가 물었다.

"그건 좀 더 쉬워요. 리더가 자신을 직접 통제할 수 있잖아요. 이상적으로는 리더보다 더 높은 지위의 사람이 리더가 구성원에게 하는 것과 같은 일을 하는 것이 좋지만, 설령 그렇지 않더라도 리더가 직접 그 일을 할 수 있어요. 사실 리더가 그렇게 하는 것이 아주 중요해요. 왜 그럴까요?" 이방인이 말했다.

푸는 잠시 동안 생각에 잠기더니 천천히 말을 이어갔다. "왜냐하면 우리가…… 의사소통에 대해…… 이야기……했을 때, 말보다 행동이 중요하다고 했잖아요." 푸가 서둘러 말을 끝냈다.

"정확해요. 리더가 성장하고 자신의 성과를 향상시키기 위해 노력하는 것은 구성원들에게 자신이 그것을 중요하게 생각하고 있다는 것을 보여주는 것이죠. 이는 또 일관된 환경을 만드는 데 도움이 돼요. 아주 잘했어요, 푸." 이방인이 말했다.

"그냥 말해 본 건데. 근데 리더는 혼자서 그 일을 어떻게 해요?" 푸가 겸손하게 물었다.

"가장 먼저 리더는 자신의 성과를 추적 관찰해 개선이나 향상시킬 부분이 없는지 파악해요. 제가 발견한 가장 좋은 방법 중 하나는 벤자민 프랭클린이 사용했던 방법인 것 같아요. 자서전에서 그는 성공을 위해 필요한 자질과 기술이 무엇이었고, 그것들을 어떻게 결정했는지에 대해 이야기하고 있어요. 그는 각 항목이 표시된

체크 리스트를 만들어서 매일 하루 일과를 마칠 때 그 체크 리스트를 검토하고 그날 각 항목에 대해 얼마나 잘 수행했는지 체크하면서 스스로를 평가했어요. 이렇게 하면서 그는 무엇이 중요한지 스스로에게 계속 상기시킬 뿐만 아니라 자신의 진행 상황을 기록할 수 있었지요. 저는 이 활동이 매우 유용한데다 하루 일과를 마무리하는데 대략 오 분이면 충분하다는 걸 알았죠." 이방인이 말했다.

"그런 게 당신이 말한 '체계적으로'라는 건가요?" 푸가 물었다.

"맞아요. 덧붙이면 리더는 미래에 필요할 기술과 특성을 결정하고 이를 배우고 습득하기 시작해야 해요. 종종 다른 지위의 리더를 관찰하고 대화하면서 자신에게 필요한 것이 무엇인지에 대한 아이디어를 얻을 수 있어요. 리더는 강좌를 수강할 수도 있고, 중간 리더라면 상사가 하는 일에 자원해 자신에게 그 일을 위임해달라고 요청할 수도 있어요." 이방인이 말했다.

"그렇게 하면서 리더는 현재 하는 일의 성과를 향상시키는 동시에 미래의 책임에 대비하는 거군요." 아울이 말했다.

"정확히 그래요. 아는지 모르겠는데, 점심시간이 거의 다 된 것 같은데요." 이방인이 해를 올려다보며 말했다.

"알고 있어요. 제 배꼽시계가 이미 말해준 걸요." 푸가 말했다.

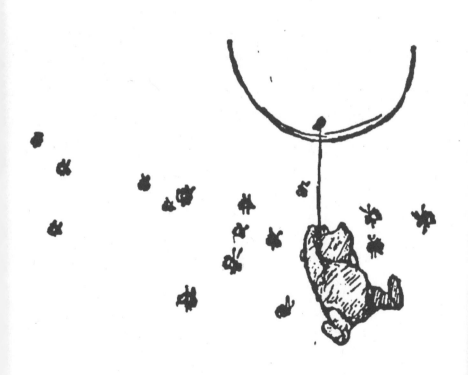

8장

푸가
리더는
함정에 빠지는 걸
주의해야 한다는 걸
알게 되다

푸와 이방인은 무서운 히파럼프 함정과 리더가
그 함정에 빠지기 않기 위해 할 수 있는 일에 대해
이야기를 나눈다.

・
・
・

푸와 아울, 그리고 이방인이 점심을 먹는 사이 날씨가 변했다. 하늘에 먹구름이 끼더니 밖이 꽤나 어둑어둑해졌다. 바람이 더 세차게 불었고 휘이익 소리를 내며 문틈으로 들어와 비 내음을 풍겼다.

아울은 이방인이 정성들여 가져온 꿀을 빵 조각으로 핥으며 싹 비웠다. 그러고는 말했다.

"날씨가 더 나빠지기 전에 집으로 돌아가야겠어요."

푸도 비가 올 것 같으니 집으로 돌아가는 게 좋겠다며 아울을 거들었다.

이방인 역시 문밖을 내다보며 돌아갈 방향 쪽에 이미 비가 내리고 있는 것 같으니 푸만 괜찮다면 비가 그칠 때까지 좀 더 머물면서 지켜보겠다고 말했다.

푸는 물어보고 싶은 질문이 몇 가지 남아있었기 때문에 전혀 상관없다고 대답했다.

푸는 점심 식사 후 소풍 바구니에 남은 조그만 과자들을 조심스럽게 꺼내며 정리하는 동안, 이방인에게 묻고 싶은 질문에 대해 생각해 보았다. 그는 따뜻한 벽난로 앞에 놓인 가장 안락한 의자에 앉아서 잠시 눈을 붙이고 있었다.

푸가 정리를 마치자 이방인이 깼다.

"생각해 보니까 리더가 목표 설정과 조직화 등 해야 할 일이 너무 많은데 어떻게 다 해낼 수 있을지 모르겠어요." 푸가 말을 꺼냈다.

"대부분의 리더들이 그렇게 생각할 거예요. 하지만 이 일은 중차대한 일이니 이 일을 잘하려면 효과적으로 처리해야겠지요." 이방인이 빙그레 웃으며 말했다.

"'결함 있는(푸가 '효과적인effective'을 '결함 있는defective'으로 잘못 들음-옮긴이주)'이 왜 갑자기 나와요? 경찰서에서 일하는 사람인가? 크리스토퍼 로빈이 전에 그런 한, 한, 한 사람에 관한 책을 읽은 적이 있거든요."

"당신은 '형사detective'를 생각한 것 같은데, 그건 범죄를 수사하는 사람을 말하는 거고, 제가 말한 단어는 '효과적effective'이란 단어예요. 간단히 말하자면, 리더는 올바른 일을 해야 한다는 뜻입니다."

푸가 잠시 생각하더니 마침내 입을 열었다. "알겠어요. 리더가 올바른 일을 하지 않으면 엉뚱한 일을 하고 있다는 것일 테고, 리더가 엉뚱한 일을 한다면, 목표 달성을 향해 나아갈 수 없겠지요. 간단해 보이네요."

"맞아요, 푸. 그런데 리더들이 얼마나 많은 경우 효과에 대해 생각하지 않고 엉뚱한 일에 집중하는지 알면 아마 놀랄 겁니다. 많은 리더들이 목표 달성에 별 도움이 되지 않는 일에 정신이 팔려 있다가 정작 중요한 일을 할 시간이 부족하다고 불평하곤 하죠. 리더는 자신이 달성하려는 목표와 목표 달성에 있어 정말 중요하고 먼저 해야 할 일이 무엇인지 항상 기억해야 해요. 그런 다음 그 업무에 집중해야죠." 이방인이 말했다.

"정신을 집중하는 건 언제나 어려워요. 가끔 그럴 때가 있어요. 래빗의 친구이자 친척인 꼬맹이라고 있었는데, 그가 길을 잃었을 때 피글렛과 제가 같이 찾으러 갔을 때도 그랬거든요." 푸가 말했다.

"무슨 일이 있었길래 정신이 팔렸나요?" 이방인이 물었다.

"그게 말이죠. 모든 일이 래빗이 저한테 꼬맹이가 사라졌고 전부 그를 찾는 수색대가 조직되었다고 말했을 때 시작됐어요. 전 '여섯 그루 소나무Six Pine Trees'를 먼저 수색한 다음 래빗을 만나기로 한 아울네 집으로 가는 길을 살펴볼 예정이었어요." 푸가 말했다.

래빗이 눈앞에서 사라지자마자 푸는 꼬맹이가 누구인지 물어보지 않았다는 게 기억났어. 꼬맹이가 콧등에 붙어사는 종류의 친구나 친척인지 아니면 누가 실수로 밟을 수 있는 종류인지 묻지 않은 거야. 하지만 어차피 한발 늦었으니 푸는 피글렛부터 찾아서 자신들이 찾아야 할 게 뭔지 물어본 다음 수색을 시작해야겠다고 생각했어.

"현명해요." 이방인이 말했다.

"저도 그렇게 생각해요. 뭔가를 찾을 때는 자기가 뭘 찾는지 아는 게 정말 도움이 되더라고요. 그러면 그걸 찾았을 때 알아보는 데 도움이 되거든요. 심지어 전 그걸 어떻게 시작해야 할지에 대한 목록까지 만들었었어요." 푸가 말했다.

뭔가를 찾는 순서

1. 특정 장소(피글렛을 찾으려면)

2. 피글렛(꼬맹이가 누구인지를 알려면)

3. 꼬맹이(꼬맹이를 찾으려면)

4. 래빗(꼬맹이를 찾았다고 말하려면)

5. 다시 꼬맹이(래빗을 찾았다고 말하려면)

"이런 목록 작성은 리더가 습득해야 할 좋은 습관이에요." 이방인이 말했다.

"맞아요. 아마 대부분의 VIB들은 이런 목록을 가지고 있을 걸요. 저는 머리로 정리하느라 제가 어디로 가고 있는지 살피지 못했죠. 그러는 통에 정신이 산만해졌어요." 푸가 말했다.

"누가 당신을 방해했나요?" 이방인이 물었다.

"꼭 그런 건 아닌데 이런 일이 있었어요." 푸가 말했다.

 바로 다음 순간 그날은 정말로 아주 성가신 하루가 되어 버렸어. 왜냐하면 푸는 어디로 가고 있는지 제대로 살피지 못해 실수로 숲에 파여 있던 구덩이 위로 발을 디디고 말았어. 그는 고작 이런 생각을 할 시간밖에 없었지. "내가 날고 있네. 아울이 하는 거. 아울, 어떻게 멈춰야 하는 거지……" 하는 순간 푸는 멈추었지.

쿵!

"아야!" 뭔가가 꽥꽥하는 소리가 났어. "거참 웃기네." 푸가 생각했지. "내가 아야라고 하지도 않았는데 '아야' 소리가 나왔잖아."

"살려줘!" 작고 높은 톤의 목소리가 말했어.

"또 나네." 푸는 생각했어. 나는 사고를 당했어. 우물에 빠졌고, 내 목소리는 완전 꽥꽥대는 소리로 변해서 내가 말할 준비도 하기 전에 목소리가 나와 버리는 거야. 왜냐하면 내가 속에다 뭔가를 했기 때문이야. 아휴 이런!

"살려줘~살려줘!"

"이거 봐! 내가 하려고 하지도 않는데 말을 하잖아. 그러니까 이건 엄청 나쁜 사고가 틀림없어." 그러곤 푸는 어쩌면 정작 말을 하려고 하면 되레 말이 나오지 않을지도 모른다고 생각했어. 그래서 확인해 보려고 큰 소리로 이렇게 말했지. "곰돌이 푸한테 아주 나쁜 사고가 일어났어."

"푸!" 꽥꽥하는 목소리가 났어.

"피글렛이잖아!" 푸가 열심히 소리쳤지. "너 어디 있어?"

"밑에." 피글렛이 밑에 있는 것처럼 말했어.

"어디 밑?" "너 밑에." 피글렛이 끙끙거리며 말했어. "일어나!"

"어떻게 된 거야? 여긴 어디야?" 푸가 물었어.

"우린 구덩이 같은 데 있는 것 같아. 내가 길을 따라 쭉 걸으면서 누구를 찾고 있었는데, 갑자기 내가 더 이상 걷고 있지 않더라고. 여기가 어딘 지 보려고 일어서려는데 뭔가가 나한테 떨어졌어. 그게 바로 너인 거지."

"그랬구나." 푸가 말했지.

"그랬어. 있잖아, 푸." 피글렛은 불안한 듯 조금씩 더 가까이 푸에게 다가서면서 말을 이어갔어. "우리가 함정에 빠진 걸까?"

푸는 전혀 생각해 보지는 않았지만 곧 고개를 끄덕였어. 왜냐하면 갑 자기 예전에 피글렛이랑 둘이서 히파럼프들을 잡으려고 푸 함정Pooh Trap을 팠던 것이 기억이 나면서 이게 어떻게 된 건지 짐작이 갔거든. 푸 와 피글렛은 '푸'들을 잡으려고 파놓은 히파럼프 함정에 빠진 거였어! 바로 그렇게 된 거였지.

"당신이 어디서 정신이 산만해진 건지 알겠네요." 이방인이 말 했다.

"알겠죠? 아주. 무서운 히파럼프가 자신이 파놓은 함정을 점검 하러 왔다가 우리를 발견했을 때 어떻게 해야 할지 고민하느라 우린 꼬맹이를 찾는데 많은 시간을 쓰지 못했어요." 푸가 말했다.

"히파럼프가 당신들을 함정에서 발견했을 때 어떻게 됐는데 요?"

"그런 일은 일어나지 않았어요."

딴 생각을 하고 있던 크리스토퍼 로빈이 물었어. "푸는 어딨어?" 하지

만 래빗은 이미 가고 없었지. 그래서 크리스토퍼 로빈은 집 안으로 들어

가서 대략 아침 일곱 시 쯤에 멀리 산책을 가는 푸를 그림으로 그렸어.

그리고 나서 자신의 집 나무 꼭대기에 올라갔다가 다시 내려왔어. 그러

다 푸가 무얼 하고 있는지 궁금해져서 알아보러 숲을 가로질러 갔지.

얼마 안 가서 크리스토퍼 로빈은 자갈 구덩이에 다다랐어. 구덩이 아래를 내려다보니까 거기에 푸와 피글렛이 있는 거야. 그 둘은 등이 보이게 엎드려서는 행복한 꿈을 꾸고 있는 듯했어.

"안녕, 푸."

피글렛은 위를 올려봤다가 다시 얼굴을 돌렸어. 그러곤 자신이 너무 바보 같고 마음이 불편해져서 바다로 도망가서 선원이 되어야겠다고 거의 마음먹을 뻔했지.

"그러니까 당신과 피글렛은 히파럼프가 왔을 때 어떻게 할지 결정하는 데 온통 정신이 팔려서 구덩이에서 빠져나와 꼬맹이를 찾는 데 시간을 쓰지 못한 거군요." 이방인이 말했다.

"맞아요. 우린 딴 데 정신이 팔려있었어요. 전 매우 효과적인 곰이 아닌 것 같아요." 푸가 대꾸했다.

"그렇지만 그건 리더에게 좋은 교훈이 될 수 있지요. 리더가 효과적으로 일하려면 우선순위를 정하고, 정신이 산만해지지 않도록 스스로를 독려해야 해요. 그리고 그 우선순위를 지켜야 합니다. 먼저 해야 할 일은 먼저 하고 나중에 해야 할 일을 먼저 해서는 안 돼요. 리더는 우선순위 업무를 수행하다가 정신을 빼앗는 무서운 히파럼프의 함정에 빠지지 않도록 주의해야 해요." 이방인이 말했다.

"그건 이해해요. 우선순위를 정하고 이를 지키는 것 말고도 리더가 효과적으로 일하기 위해 다른 해야 할 일이 더 있을까요?" 푸가 물었다.

"몇 가지가 있는데, 아마 리더가 효과적으로 일하기 위해서 꼭 해야 할 중요한 일은 바로 시간 관리일 겁니다." 이방인이 말했다.

"시간 관리는 어떻게 하는 건데요?" 푸가 어리둥절한 어조로 물었다.

"시간은 무조건 흘러가잖아요. 당신이 그걸 바꿀 수는 없죠. 하루 스물네 시간이라는 시간은 누구에게나 공평하게 주어져요. 하지만 어떤 사람들은 그 시간 동안 많은 걸 이루는 데 반해 어떤 사람들은 아무것도 이루지 못하죠. 똑같이 주어진 시간인데 왜 그런 차이가 날까요? 그건 성과를 이루는 사람들은 목표 달성에 도움이 되는 업무, 즉 생산적인 업무에 자신의 시간을 집중하기 때문이죠. 그들은 비생산적인 시간 수요를 최대한 제거하거나 줄임으로써 이를 달성하는 겁니다." 이방인이 말했다.

"그건 어떻게 하는 건가요?" 푸가 물었다.

"리더는 자신이 시간을 어떻게 쓰고 있는지 아는 것부터 시작해야 합니다. 리더는 실제로 현재 어떤 일을 하고 있고, 그 일에 얼마나 많은 시간을 할애하고 있는지 알아야 해요. 이를 위해 한

달 정도 매일 시간을 어떻게 보내고 있는지 기록해 보는 거죠. 하고 있는 일과 그 일을 하는데 걸린 시간을 기록하는데, 이것을 '타임로그Time Log'라고 하죠. 리더가 하는 일이 바뀔 수가 있으니까 대략 반년마다 한 번씩 작성하는 것이 좋아요. 리더는 자신의 타임로그를 분석해 우선순위 업무와 목표에 기여하지 않는 일에 소요되는 시간을 줄이거나 제거할 수 있게 되죠." 이방인이 말했다.

"분석, 그건 또 어떻게 해요?" 푸가 물었다.

"여러 기술이 사용될 수 있는데, 이와 관련해서 두 권의 책을 소개해줄게요. 피터 F. 드러커의 《자기경영노트The Effective Executive》와 앨런 라킨Alan Lakein의 《시간을 지배하는 절대법칙How to Get Control of Your Time and Your Life》를 참고해 보세요. 마지막으로 리더는 자신이 사용 가능한 시간을 정해야 해요. 이를 위한 좋은 방법은 일요일 저녁이나 월요일 아침처럼 누구에게도 방해를 받지 않는 시간에 '비즈니스 다이어리'를 들고 앉아 다음 주에 해야 할 일을 생각해 보는 겁니다. 먼저 우선순위 항목들을 선택하고 그 우선순위에 따라 작업할 수 있는 시간대를 잡아야 해요. 이때 사용 가능한 시간을 너무 많이 일정에 넣지 않도록 반드시 주의해야 합니다. 만약 누군가 무리하게 일정을 잡으면, 하려던 일을 다 처리하지 못해 낙담하게 될 테니까요. 모든 리더는 항상 방해 요소와 예정에 없던 일이 생긴다는 걸 알고 미리 대비를 해야 해요. 시간의 약 육십 퍼센트만 일정을 잡고 나머지는 비워 두는 겁니다. 만약 아무 일도 일어나지 않으면, 리더는 언제든지 우선순위 항목의 일정을 재조정하거나 시간을 늘리면 돼요. 그런 다음 매일 하루 일과가 끝날 때나 혹은 다음 날 아침에 그날의 일정과 한 주의 나머지 일정을 가장 먼저 검토하고 조정하는 시간을 가져야 해요." 이방인이 설명했다.

"일정을 잡는 데만도 시간이 꽤 걸릴 것 같은데요." 푸가 말했다.

"그렇지 않아요. 익숙해지면 주간 일정 짜는 데 약 삼십 분, 일일 점검 및 조정에는 오 분도 채 걸리지 않는다는 걸 알게 될 거예요." 이방인이 말했다.

"그렇게 많은 시간이 걸리는 건 아니군요. 일주일에 그 시간이면 매일 오후 간식을 먹는 시간 정도밖에 안 되네요. 평소대로라면 이맘때쯤일 거예요." 푸가 말했다.

"자, 좋은 리더는 꼭 필요한 경우가 아니면 그 일정에서 벗어나지 않아요. 이제 비가 그쳤네요. 슬슬 갈 준비를 해야겠어요. 예정대로 간식을 먹을까요? 먹고 나서 갈게요." 이방인이 창가로 가서 밖을 내다보면서 말했다.

"소풍 바구니에 먹을 게 좀 남아있어요. 그걸 먹으면 당신이 소풍 바구니를 가져가기 한결 편할 것 같은데요. 어때요?" 푸가 이방인에게 도움이 되는 제안을 했다.

이방인이 이에 동의했다. 둘은 간식거리가 될 만한 것들을 먹으려고 앉았지만 실은 꽤 괜찮은 음식이었다.

함께 간식을 먹으면서 이방인이 푸에게 물었다. "아까 '꼬맹이 수색' 이야기를 할 때, 꼬맹이를 찾았다는 얘기가 없었는데요."

"아, 맞다. 깜빡했네요. 크리스토퍼 로빈이 왔을 때 때마침 제 등 한가운데쯤 손이 잘 닿지 않는 불편한 위치에서 뭔가가 간지럽히는 거예요. 그래서 긁으려는 찰나에 피글렛이 갑자기 소리를 치는 겁니다." 푸가 말했다.

"푸!" 피글렛이 소리쳤어. "네 등에 뭔가가 기어오르고 있어."

"그런 것 같았어." 푸가 말했지.

"꼬맹이야!" 피글렛이 소리쳤어.

"아, 애가 개로구나. 그치?" 푸가 말했어.

"크리스토퍼 로빈, 내가 꼬맹이를 찾았어!" 피글렛이 소리쳤지.

"잘했어, 피글렛," 크리스토퍼 로빈이 칭찬을 해주었단다.

9장

드디어
이방인의
경영서가
완성되다

이방인이 마지막으로 숲을 방문하는 날 파티가 열리고,
푸는 마침내 아주 중요한 곰이 된다.

·
·
·

숲에 있는 모두가 이방인이 마지막으로 숲을 방문하기로 한 날 파티가 열릴 거라는 걸 알고 있었다. 그들이 이걸 어떻게 아는지는 아무도 확신하지 못했다.

피글렛은 래빗한테서 들었다고 절대적으로 확신했고, 래빗은 피글렛이 알려줬다고 똑같이 확신했다. 아울은 나무 사이로 온화하게 불어오는 바람이 그 소식을 전해주었다고 주장했다.

캥거는 루에게서 소식을 들었고, 루는 파티 생각에 너무 들떠서 누가 그 소식을 전해주었는지는 완전히 잊어버렸다.

티거는 그냥 알게 되었다고 했다. "티거들은 언제나 그런 것들을 알고 있지. 티거들은 뭐든 잘 알거든." 티거가 말했다.

푸는 비가 왔던 날 이방인이 집으로 가기 직전에 자신에게 말해주었다고 생각했지만, 다시 생각해 보니 확신할 수가 없었다. 왜냐하면 그날 너무 많은 이야기를 했던 탓에 푸의 뇌가 지쳐있어서 이방인이 무슨 말을 했는지 정확히 기억하지 못하기 때문이었다.

파티가 열리기로 한 날 아침에 눈을 떴을 때, 푸는 침대에 누워서 어떻게 자신이 그 소식을 알게 되었는지 기억해내려고 했다.

푸는 이방인과 작별을 해야 한다는 사실에 울적해졌다. 푸는 이방인이 숲에 오는 게 좋았다. 왜냐하면 그는 푸를 머리가 나쁜 곰이 아닌 똑똑하고 좋은 곰으로 대해주었기 때문이었다. 또 그가 가져오는 소풍 바구니, 아니 그보다는 그 소풍 바구니 속에 든 것이 좋았다.

소풍 바구니에 대해 생각하다 보니 푸는 파티가 떠올랐다. 파티 생각을 하니 행복했다. 이방인은 소풍 바구니에 꽤나 좋은 음식을 가져왔었고, 파티라는 건 특별해야 하니까 이번에는 훨씬 더 좋은 음식을 가져올 것이다.

"자, 보자. 아마 꿀단지 한 개, 아니 두 개는 있겠지. 아니면 세 개?" 주위에 아무도 없었기 때문에 푸는 혼자 말을 했다.

푸에게 그 질문은 어려웠고, 결국에는 아마 세 개가 확실할 거라고 결론 내렸다.

"그러면 분홍색 설탕이 뿌려진 작은 케이크도 분명 있을 거야. 아마 원하면 하나쯤 더 먹을 수 있을 정도로 충분히 있을 거야. 그리고 후식으로는 아주 맛있고 쫀득한 벌집과 오렌지잼이 있겠

지. 듬뿍 바르고도 남을 만큼 많이." 푸는 계속해서 행복한 상상을
했다.

심지어 이요르도 알고 있었다. "누군가가 실수한 게 틀림없어.
보통은 무슨 일이 생기면 내가 가장 나중에 알게 되거든. 그건 슬
픈 일이지만 원래부터 그랬으니까. 아마 파티는 없을 거야. 내가
파티에 참석하면 모두가 튀어나와서 '서프라이즈!' 하고 말하겠
지. 그러면서 파티가 없는 게 서프라이즈라고 하겠지. 걔네들이
하는 짓이 그렇지. 아니면 내가 안 갔는데 진짜 파티가 열린다면,
난 파티를 놓치게 되겠지. 그렇다고 해도 그들은 내가 이상한 것
을 밟도록 날 유인할 거야. 친절하고 사려 깊게 말이지." 이요르가
의기소침하게 말했다.

결국 이요르도 파티에 참석하기로 결정했다. 그와 다른 친구들
이 파티 준비를 했다. 이요르는 꼬리에 나비넥타이를 제대로 매

는데 상당한 어려움을 겪었다. 왜냐하면 그의 꼬리가 또다시 설렁줄이 되려고 하는 듯했기 때문이었다. 하지만 어찌어찌 해 결국에는 넥타이를 맸다.

아울은 특별히 신경을 써서 발톱이 깔끔하게 잘 정돈되었는지 확인했다. 어쨌든 이방인이 쓰고 있는 책에 대한 아울의 공헌은 헤아릴 수 없을 만큼 값진 것이었고, 이번 파티가 그 책의 헌정사에 자신의 공헌을 제일 먼저 새길 권리를 인정하기 위해 기획되었다고 상상하지 못할 것도 없었다.

사실 피글렛은 파티에 가기 전에 씻을지 한참을 생각했다. 만약 씻고 간다면 아무도 자신을 못 알아봐서 참석이 안 될 공산이 크다고 판단해서 결국 그는 하지 않았다. 씻는 것 말이다.

캥거는 귓속까지 구석구석 루를 목욕시켰다. 이번에 루는 첨벙거리며 물장난을 치는 대신 조용히 앉아 파티에 대해 생각했다. 캥거가 루 목

욕을 마쳤을 때 바닥에는 물웅덩이라고 하기에도 뭐한 조막만한 물웅덩이 하나 외에는 아무것도 없었다.

래빗은 친구와 친척을 모두 초대해야 할지를 고민하고 있었다. 이방인이 그렇게 많이 올 줄 모르고 의자를 충분히 가져오지 않을 수도 있기 때문이었다.

최종적으로 래빗은 자기가 초대하지 않더라도 어쨌든 그들이 모두 올 거라고 생각했다. 그들은 풀밭 위에 대자로 드러누워 누군가가 말을 걸거나 뭔가를 떨어뜨리거나 시간을 물어볼 경우를 대비해 희망을 품은 채 기다릴 수도 있다.

루가 몸을 말리는 동안, 티거는 털이 제자리를 잡고 햇빛을 받아 실크처럼 반짝반짝 빛날 때까지 정성스럽게 털을 핥고 빗었다. 티거는 몸단장을 마치고 나서 거울에 비친 자신의 모습을 보며 감탄하며 말했다. "티거들은 몸단장을 정말 잘한다니까."

푸는 파티에 나올 음식에 대해 충분히 꿈꾸었고, 제대로 꿈을 꿨는지 확인하기 위해서라도 진짜 현실을 준비하는 게 낫겠다고 결심했다. 자리에서 일어나 몸의 털을 곱게 빗질했다. 자는 동안 털들이 모두 형

클어져 전혀 '파티에 가는 곰의 털'처럼 보이지 않았기 때문이다.

마침내 모두가 준비를 마치고 숲에서 가장 큰 나무 밑에 긴 식탁과 의자가 놓여 있는 곳으로 향했다. 심지어 이요르도 제시간에 도착해 "비가 와도 날 탓하지 마"라고 말했다.

다행히 비는 오지 않았다. 사실 그날은 햇살이 따뜻하게 내리쬐는 멋지고 화창한 날이었다. 일찌감치 내린 비가 숲을 온통 깨끗하게 씻어 놓았고, 숲 사이로 속삭이듯 불어오는 부드러운 산들바람에 나뭇잎이 살랑살랑 고개를 흔들며 반짝였다. 그 사이사이로 햇살이 식탁을 가득 채운 음식 위에서 넘실거리며 춤을 추었다.

파티에는 푸가 꿈꿨던 것보다 더 많은 음식이 있었다. 심지어 래빗의 친구와 친척 모두가 누군가 실수로 떨어뜨린 음식을 먹지 않아도 될 만큼 음식이 충분했다. 이요르를 위해서는 특별히 즙이 많은 신선한 엉겅퀴가 먹기 좋게 잘려 준비되어 있었고, 피글렛을 위해서는 도토리, 티거를 위해서는 맥아엑스, 그리고 많은 꿀과 빵, 모두를 위한 연유가 있었다. 그리고 물론, 분홍색 설탕이 뿌려진 작은 케이크들도 있었다.

모두가 거의 충분히, 그 이상으로 배불리 음식을 먹을 때쯤 이방인이 일어나 연설을 시작했다. 그는 자신이 책을 쓰는데 공헌해준 이들에게 감사의 말을 전했다.

"공…… 뭐라고?" 푸가 물었다.

"쉿, 너가 그에게 해준 이야기들." 아울이 말했다.

"아." 푸가 말했다.

그는 떠나게 돼서 아쉽지만 언젠가는 숲에 다시 돌아올 거라고 말했다. 그러고 나서 이방인은 모두의 이름을, 심지어 꼬맹이까지 호명하면서 감사 인사를 했고, 그들이 아니었다면 자신이 책을 완성하지 못했을 거라고 말했다.

모두가 박수를 치고 난 후 이요르와 아울 둘이 동시에 연설을 시작했다. 아울은 "제가 비록 익숙하지는 않지만……"이라고 시작했고, 이요르는 "적어도 아직까지는 비가 오지 않았습니다……"라고 시작했다. 각자 자신의 연설만을 들으며 둘 다 계속 말을 이어갔기 때문에 식탁에 둘러앉은 친구들은 누가 무슨 말을 하는지 알아듣기 무척 어려웠다.

하지만 실제로 그건 중요하지 않았다. 자기가 가장 좋아하는 음식을 조금 더 먹을 수 있는 적기였기 때문이었다. 푸는 분홍색 설탕이 뿌려진 작은 케이크 두 개를 더 먹었다.

아울과 이요르의 연설이 끝나고 모두가 어느 정도 박수를 치자 푸가 일어섰다.

"당신이 숲에 처음 왔을 때 제가 머리 나쁜 곰일까 봐, 특히 경영에 대해서는 더 그럴까 봐 걱정했었어요. 이제는 좋은 리더가 되기 위해서 해야 할 일이 무엇인지 조금은 알게 됐어요. 당신은 제가 이해할 수 있도록 그 '방법'에 대해 무척이나 정성껏 설명을 해줬어요." 푸가 이방인을 바라보며 말했다. 그리고 고개를 저으며 말을 이었다. "전 항상 방법인 '어떻게'가 어려웠거든요. '무엇'은 그다지 힘들지 않았지만요."

"티거들은 '어떻게'를 아주 잘해." 티거는 식탁 아래에서 멀리 떨어져 있는 듯한 나지막한 목소리로 말했다.

"맞아요. 그리고 전 또 '이유'에 대해서 이해하게 된 것 같아요. 즉 리더가 왜 있어야 하는지 이해했어요." 푸가 티거가 어디로 갔는지 궁금해 하며 말했다.

"왜 있어야 할까요?" 이방인이 물었다.

"그건 제가 언젠가 거울 앞에서 운동을 끝낸 후 래빗을 찾아갔을 때랑 같아요. 래빗이 저를 반갑게 맞으며 정성껏 대접해줘서 전 실컷 먹었죠." 푸가 배를 쓰다듬었다. 그리고 다시 말했다. "거의 오늘만큼 많이 먹었어요. 그러다 집으로 돌아가려고 하자 래빗의 집 대문에 끼어 버렸지 뭐예요. 안으로 들어갈 때는 충분히 넓었는데 나가려니까 너무 배가 불러서인지 문이 너무 좁은 거예요."

"그래서 그다음에 어떻게 되었는데요?" 이방인이 물었다.

"래빗이 저한테 무엇이 문제인지 말해줬어요." 푸가 말했다.

"있잖아 실은 너 끼었어." 래빗이 말했어.

"이게 다 너네 집 대문이 크지 않아서 그런 거잖아." 푸가 뿌루퉁하게 말했지.

"너무 많이 먹어서 그런 거지. 아까는 아무 말하고 싶지 않아서 가만히 있었지만, 우리 중 하나가 너무 많이 먹고 있다고 생각했어." 래빗이 계속 말했어. "그리고 그건 내가 아니었어." 또 말했지. "음, 어쩔 수 없네, 내가 가서 크리스토퍼 로빈을 불러 올게."

크리스토퍼 로빈은 고개를 끄덕였어.

"그럼 방법은 하나밖에 없어. 네가 다시 날씬해질 때가지 기다리는 거야."

"날씬해지는 데 얼마나 걸리는데?"

"한 일주일쯤."

"근데 여기서 일주일이나 어떻게 지내!"

"잘 지낼 수 있어, 바보 곰돌아. 널 꺼내는 건 아주 어려운 일이란 말이야."

"우리가 너한테 책을 읽어줄게." 래빗이 격려하듯 말했어. "그리고 눈이 오지 않길 바라." 덧붙여 말했지. "그리고 친구야, 네가 우리 집 공간을 많이 차지하고 있어서 말인데, 괜찮다면 네 뒷다리를 수건걸이로 써도 될까? 그러니까 내 말은 네 뒷다리가 집 안에 있는데, 아무것도 하지 않고 가만히 있기보다는 거기에 수건이라도 걸면 참 편리하지 않겠냐, 뭐 그런 거지."

"일주일이다!" 푸가 침울하게 말했어. "밥은?"

"안됐지만 밥은 없어." 크리스토퍼 로빈이 대답해주었지. "더 빨리 날씬해져야 하니까. 하지만 책은 읽어줄게."

푸는 한숨을 쉬려는데 너무 꽉 끼어 있어서 그럴 수조차 없다는 걸 알았어. 푸가 말할 때 그의 눈에서 눈물 한 방울이 또르르 떨어졌단다.

"그럼 오도 가도 못하게 문에 꽉 끼어 버린 곰을 위로하고 도움이 될 만한 책으로 읽어줄래?"

그래서 일주일 동안 크리스토퍼 로빈은 푸의 북쪽 끝에서 그런 종류의 책을 읽어주었고, 래빗은 푸의 남쪽 끝에다가 빨래를 널었지. 그러는 사이에 푸는 자신이 점점 더 날씬해지고 있는 걸 느꼈어. 그리고 일주일째 되던 날 크리스토퍼 로빈이 말했어. "자 됐어, 지금이야!"

크리스토퍼 로빈이 푸의 앞발을 잡고, 래빗은 크리스토퍼 로빈을 꽉 잡았어. 그리고 래빗의 모든 친구와 친척들은 래빗을 잡고, 그리고 모두 함께 일제히 잡아당겼어.

푸는 한동안 "아야!" 소리만 냈지.

"아야!"

그러다가 갑자기 마치 병뚜껑 딸 때 나는 소리처럼 "퐁!"하는 소리가 났지.

그리곤 크리스토퍼 로빈, 래빗, 그의 친구와 친척들 모두 뒤로 완전히 자빠졌는데…… 그들 위로 위니 더 푸가 떨어졌어. 마침내 자유의 몸이 된 거야!

"그래서 리더가 있어야 하는 거예요." 푸가 말했다.

"네가 너무 많이 먹어서 어딘가에 꽉 끼었을 때 빼내려고?" 이요르가 푸에게 물었다.

"아니, 목표 달성을 위해 모두가 함께 힘을 합치게 하려면." 푸가 대답했다.

그후 다들 집에 가고 푸와 이방인만 남았다. 모든 정리가 끝났을 때, 이방인은 푸에게 소화도 시킬 겸 산책을 하자고 제안했다.

둘은 "분홍색 설탕이 뿌려져 있어서 유난히 좋았죠, 그죠?", "모두 좋은 연설을 했죠, 그죠?"와 같은 말들 말고는 별다른 말을 하지 않고 걸었다. 마침내 숲 꼭대기에 있는 갤리언 골짜기라고 하는 마법에 걸린 장소에 도착했는데, 그곳은 푸가 아주 오래 전에 크리스토퍼 로빈과 함께 가본 적이 있는 곳이었다.

그곳은 정말로 황홀했다. 온통 푸른 잔디로 촘촘히 뒤덮여 바닥이 보드랍고 잔잔했다. 여전히 그곳은 앉았다가 바로 일어나서 다른 자리를 찾아 헤매지 않아도 되는, 아무 데나 막 앉을 수 있는 숲속 유일한 장소였다.

그 숲속 공간을 원 모양으로 둥글게 둘러싸고 있는 예순여 그루의 이상한 나무들은 아무도 셀 수가 없었다. 그곳에 앉아서 푸와 이방인은 온 세상이 하늘에 닿을 때까지 펼쳐진 광경을 볼 수 있었다.

　그 마법의 장소에서는 모든 것이 아주 단순하고, 심지어 경영도 이해하기 쉬울 것 같았다.

　그리고 왠지 원하는 걸 성취하는 것이 전혀 어렵지 않아 보였다.

　푸는 한 나무에 등을 기대고 앉아서 이방인과 나누었던 모든 이야기를 조용히 생각해 보았다.

　"내가 그럴 수 있을 거 같아요?" 푸가 마침내 말을 꺼냈다.

　"뭘요, 푸?" 이방인이 물었다.

　"경영 같은 아주 중요한 주제에 대해 당신을 도왔으니까 제가 정말 아주 중요한 곰이 될 수 있다고 생각하냐고요? 당신 책이 출판된다면 말이에요." 푸가 말했다.

　"푸, 제 생각에는 책이 출판되든 말든 당신은 항상 그래왔고, 지금도 그렇고, 앞으로도 그럴 언제나 아주, 아주 중요한 곰일 겁니다." 이방인이 말했다.

　'우와, 제가 그런 곰이라니!' 푸가 생각했다.

10장

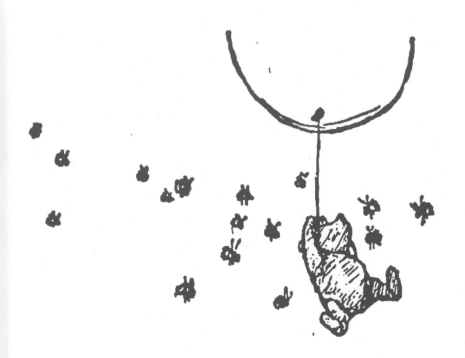

곰돌이 푸가
드디어
VIB로
인정받다

이방인이 숲을 방문해 그곳에서 무엇을 발견하고,
무엇을 가져왔는지에 대해 생각한다.

·
·
·

이방인은 편안한 안락의자에 등을 기대고 앉았다. 그와 적당히 떨어진 난로에서는 불이 멋지게 타오르고 있었다. 밖에서는 비가 세차게 몰아치고 있었기 때문에 그 불길이 더 아늑해 보였다. 이따금씩 불꽃이 치솟았다가 다시 사그라들면서 조용히 저 혼자 타닥타닥 소리를 냈다.

지금 밖에서 누군가가 우산이 뒤집어지는 바람에 목뒤로 흘러내리는 차가운 빗방울과 사투를 벌이고 있다면, 오늘은 좋은 날이 아니라고 말할 것이다. 하지만 누군가가 실내에서 하루 일과를 마치고 따뜻한 불 옆 편안한 의자에 앉아 있는데, 그 옆 탁자 위 찬장에서 가져온 먹을거리도 조금 있고, 아주 재미있는 책을 읽으려고 한다면, 그에게는 완벽한 날이다. 그런 날에는 생각에 젖기도 하고 상상의 나래를 펼치다 잠깐 낮잠을 잘 수도 있다.

이방인은 위니 더 푸와 그의 친구들이 사는 숲에 대해 생각했다. 언뜻 보면, 그곳은 매일이 놀라운 변화, 끊임없는 위기, 대립, 불안, 스트레스, 그리고 덧없는 도덕의 연속인 우리네 일상과는 거리가 먼 딴 세상처럼 보였다.

하지만 그렇게 보일 뿐이다. '푸가 사는 세상은 실제로 우리 세상과 매우 닮았어.' 이방인이 생각했다. 무서운 히파럼프 함정에 빠지는 것보다 더 괴로운 일이 뭐가 있겠는가? 주변에 꿀벌나무가 없는 상황에서 마지막 꿀단지를 먹을 차례가 됐을 때의 불안감이나 일반적으로 사나운 동물 중 하나로 알려진 낯선 동물이 이웃으로 이사를 올 때의 불안감을 상상해 보라.

숲을 방문한 이방인은 그들의 모험을 통해 그들의 문제나 우리의 문제에 똑같이 잘 적용될 수 있는 경영 기술을 설명하고 강조할 수 있다는 것을 발견했다. 리더가 해야 할 여섯 가지 기본 원칙 수행 '방법'은 보편적이다. 목표 설정, 조직화, 의사소통, 사람을 성장시키는 것, 동기부여, 그리고 측정과 분석은 북극 탐험, 비즈니스, 공공 부문, 자원봉사, 직업, 또는 개인의 삶 등 어떤 분야에든 두루 적용될 수 있다.

하지만 그 숲의 문제들은 왠지 우리가 직면하는 문제들만큼 복잡하거나 심각한 결과를 초래하지 않는다. 게다가 백 에이커 숲에서는 모든 것이 실패해도 크리스토퍼 로빈이 나타나서 문제를 바로잡아줄 거라는 위안이 항상 존재한다.

227

우리 사회에서는 항상 도와주려고 대기하고 서있는 크리스토 퍼 로빈 같은 인물을 기대할 수가 없다. 우리는 우리 자신과 집단의 재능, 능력, 그리고 자원에 의존해야 한다. 그래서 훌륭한 리더가 필요하며, 앞으로 그 필요성은 더욱 커질 것이다.

문제와 어려움이 있는 것이 인생의 본질이고 훌륭한 리더가 필요한 이유다. 리더의 여섯 가지 원칙을 통달한다고 해서 문제가 사라지는 것은 아니지만, 확실히 그 숲을 지나는 여정에서 가시금작화 덤불과 엉경퀴가 줄어들고 매복에 맞닥뜨리는 횟수도 줄어들게 될 것이다.

탁월한 리더가 되려고 노력하는 사람들은 미래가 가져올 도전에 우리 모두가 잘 대처할 수 있게 도와줄 것이다.

이방인은 생각했다. '그러니 우리는 지금 시작해야 한다. 시작하기에 너무 이른 때 또는 늦은 때란 결코 없다. 정말로 원한다면 우리 모두는 성과를 향상시킬 수 있다. '전진하지 않는 것은 뒤처지는 것이다'라는 옛 중국 속담도 있다. 지금 벤자민 프랭클린의 체크 리스트로 시작하라. 그리고 리더로서 탁월함을 향해 나아가기 시작하라.'

이방인은 긴장을 풀었다. 그는 숲을 방문하고 얻은 것에 만족했다. 그는 푸가 모두가 노력해서 발전하기를 기원할 거라는 걸 알고 있었다.

끝으로, 곰돌이 푸와 같은 VIB, 즉 아주 중요한 곰을 안내자로 삼고 영감을 얻는 것보다 성공에 도움이 되는 것이 있을까?

따뜻한 마음과 친절한 행동으로
친구들을 이끄는 푸의 다정한 리더십

푸는 시간이 지나도 변치 않는 사랑을 받는 캐릭터로, 백 에이커 숲에서 펼치는 그의 모험과 우정 이야기는 수많은 사람들에게 여전히 감동과 위로를 전해주고 있습니다. 그런 푸가 선사하는 경영과 리더십에 관한 이야기라니요. 리더십을 이렇게 명쾌하고 재미있게 설명한 책이 있을까요!

조직과 개인이 관계를 이끄는 데 있어 오래 사랑받을 수 있는 리더십은 시간이 지나도 변치 않는 아주 기본적인 원칙들이라는 것을 깨달을 수 있었습니다. 마치 시간이 지나도 변치 않는 사랑을 받는 푸와 그의 친구들처럼 말이지요. 우리는 다른 어떤 조직의 사례나 경영 이론보다도 그들의 이야기를 통해 더 명확하게 리더에 대해 이해할 수 있습니다.

《곰돌이 푸의 다정한 리더십》은 푸가 그의 친구들과 함께 백 에이커 숲에서 펼치는 이야기를 통해 '여섯 가지 리더의 원칙'과 진정한 리더십에 대해 배울 수 있도록 구성되었습니다. 따뜻한 마음과 친절한 행동으로 친구들을 이끄는 푸의 다정한 리더십은 조직에서나 일상에서 우리가 관계를 어떻게 이끌어야 하는지 그 '방법'을 자세히 알려줍니다.

예를 들어, 푸는 항상 친구들의 의견을 경청하고, 그들의 감정을 존중합니다. 문제를 해결할 때는 친구들과 협력해 해결책을 찾고, 그 과정에서 친구들의 다양성을 수용하며 인정과 배려를 잊지 않습니다. 이는 경영에 중요한 덕목들이기도 하며, 특히 푸와 친구들의 수용과 배려를 바탕으로 한 협력적인 접근 방식은 현대 경영에서 필수적입니다.

이 책은 어느 장을 펼쳐도 바로 몰입해 읽고 리더의 원칙을 배우고 재미도 느낄 수 있다는 점에서 아주 매력적입니다. 순서대로 읽지 않아도, 잠시 쉬었다 읽어도 푸와 그의 친구들은 친절하게 백 에이커 숲의 이야기를 전해주며, 그 속에서 우리가 리더의 원칙을 쉽게 이해하고 기억할 수 있도록 우리를 안내해줍니다.

그뿐만이 아니라 껄껄대지 않을 수 없는 웃음도 선물합니다. 저자인 로저 앨런은 경영과 리더십 상황에 맞게 그들의 이야기를 재창조해 실제 상황에서 있을법한 일화를 탄생시키며 웃음을 불러일으킵니다. 의사소통에서 피드백의 중요성을 설명하기 위한 푸와 티거, 피글렛이 이방인을 찾는 에피소드는 너무 웃겨서 눈물이 날 정도였습니다.

《곰돌이 푸의 다정한 리더십》은 다른 경영 및 리더십 도서와는 달리 무척 독특합니다. 어려운 이론이나 잘 알지 못하는 사례들을 딱딱한 설명으로 일방적으로 전달하기보다는 실제로 우리의 세상과 매우 닮은 푸와 그의 친구들의 세상을 통해 우리의 문제에도 똑같이 잘 적용될 수 있는 보편적 원칙들을 대화로 이끌며 재미와 공감을 더해주기 때문입니다.

특히 이요르, 피글렛, 래빗, 티거, 캥거와 루, 아울, 그리고 푸의 다정한 리더십을 세상에 꺼내준 이방인이 함께했기에 이 책이 더 특별하다고 여겨집니다. 로저 앨런이 말했듯이 처음에 이 책이 아동문학과 경영론을 섞어 놓은 이상한 책처럼 보인다면, 제대로 성공한 것입니다!

하지만 이 책을 다 읽고 난 후에는 새로운 방식으로 리더의 기본 원칙들을 명확하게 이해하고 영감을 얻은 자신을 발견하고는 놀라게 될 것입니다. 그리고 어린아이부터 어른에 이르기까지 조직이든 일상이든 관계를 이끌고 가꾸어 나가길 바라는 누구든지 푸와 친구들, 이방인이 안내해준 대로 바로 실천해 동료, 친구, 가족, 구성원 등을 다정하게 성공적으로 이끌 수 있을 것입니다.

이 책은 반복해서 여러 번 읽을 때 그 가치가 더 빛을 발합니다. 리더의 이야기를 푸만큼 명확하고 재미있게 알려줄 수 있는 전문가가 또 있을까 생각합니다. 다른 경영과 리더십 관련 책을 읽으면서도 느끼지 못한 흥미와 교훈을 동시에 제공해주리라 믿습니다. 읽으면 읽을수록 진가가 더 드러나는 책입니다. 여러분 곁에 두고 반복해서 읽기를 추천드립니다.

부디 이 책이 우화나 동화로 오해받지 않기를 바라며, 그 어떤 경영과 리더십 관련 책보다 신선하고 새로운 방식의 책으로 여러분께 다가가기를 바랍니다. 푸가 전하는 리더의 원칙을 조직이나 일상에서 더 명쾌하고 다정하게 적용하면서 이를 바탕으로 더 나

은, 더 인간적인 리더로 성장하기를 희망합니다. 푸는 원래 그런
이상한 힘을 가진 곰이니까요!

성공하는 비즈니스와 인간관계를 위한
곰돌이 푸의 다정한 리더십

초판 1쇄 발행 2024년 8월 12일　|　초판 3쇄 발행 2024년 11월 20일

지은이　　　로저 앨런
옮긴이　　　김정희

펴낸이　　　신수경
책임편집　　신수경
디자인　　　디자인 봄에
마케팅　　　용상철　|　제작　도담프린팅
펴낸곳　　　드림셀러
출판등록　　2021년 6월 2일(제2021-000048호)
주소　　　　서울 관악구 남부순환로 1808, 615호 (우편번호 08787)
전화　　　　02-878-6661
팩스　　　　0303-3444-6665
이메일　　　dreamseller73@naver.com
인스타그램　dreamseller_book
블로그　　　blog.naver.com/dreamseller73

ISBN 979-11-92788-25-8 (03320)

※ 드림셀러는 당신의 꿈을 응원합니다.
　　드림셀러는 여러분의 원고 투고와 책에 대한 아이디어를 기다립니다.
　　주저하지 마시고 언제든지 이메일(dreamseller73@naver.com)로 보내주세요.